Gert Kerschbaumer

MEISTER DES VERWIRRENS

Die Geschäfte des Kunsthändlers Friedrich Welz

Für Susanne Neuwirth
in kollegialer Zuneigung
Gert
20. 6. 2000

Gert Kerschbaumer

MEISTER DES VERWIRRENS

*Die Geschäfte des Kunsthändlers
Friedrich Welz*

CZERNIN VERLAG, WIEN

Gefördert vom Bundesministerium für Bildung, Wissenschaft und Kultur sowie des Bundeskanzleramtes, Sektion für Kunstangelegenheiten.

.KUNST

Die Deutsche Bibliothek – CIP-Einheitsaufnahme
Kerschbaumer Gert:
Meister des Verwirrens – Die Geschäfte des Kunsthändlers Friedrich Welz/Kerschbaumer Gert
Wien: Czernin Verlag, 2000
ISBN 3-7076-0030-0

© 2000 by Czernin Verlags GmbH, Wien
Umschlagentwurf/Art Direction: Bernhard Kerbl
Cover: Votava, Wien
Lektorat: Herbert Nikitsch
Herstellung: Die Druckdenker, Wien
Druck: Wiener Verlag, Himberg

ISBN 3-7076-0030-0
Alle Rechte vorbehalten, auch der auszugsweisen Wiedergabe in Print- oder elektronischen Medien

Inhalt

Friedrich Maximilian Welz, ein Österreicher	7
Im politischen Getriebe: Kunstsalon F. Welz	13
Verstümmeltes Österreich mit falschem Etikett	18
Makart im Blitzkrieg	22
Reichsautobahn, Kärnten und Trophäen	24
Heimatschatz und delikater Schiele	26
Schöngefärbte Betriebsprüfung	29
Inventar der Kunstwäsche	36
Täuscher Grimschitz und Welz	43
Dienststelle Gebrüder Mühlmann	50
Pariser Einkaufsreisen	55
Evelyn Tucker verhört Frederich Wels	70
French claims and receipts	81
Pre-war Austrian property	87
The private home of Mr. Welz at St. Gilgen	98
Galerie Würthle: Jaray - Welz – Jaray	104
Erbe nach Heinrich Rieger, Wien – Theresienstadt	111
Die vertauschten Schiele	130
Österreichs Staatspolizei ermittelt	136
Österreichs Staatsanwaltschaft begründet	143
Betrug und großes Verschiebungsmanöver	148
Verstecken und verraten	151
Vertrauliches Komplott und öffentliche Niedertracht	161
Internationales Renommee und krauser Rechtsstreit	166
Fackelträger des abendländischen Geistes	172
Residenzfähig: Drittes Reich	175

Post scriptum	189
Danksagung	192
Anmerkungen	194
Quellen	204
Literatur	207
Register	209

Friedrich Maximilian Welz, ein Österreicher

Am 31. Juli 1948 erlaubt sich Frau Stefanie Hoefner die höfliche Anfrage, wohin sie das Belastungsmaterial über Friedrich Welz senden solle, das sich in ihren Händen befinde – ihr kurz zuvor verstorbener Mann Fritz Hoefner, der von der amerikanischen Militärregierung eingesetzte Verwalter der Galerie Welz, hatte den Inhaber am 26. Juni 1947 angezeigt. Der Brief der Witwe schließt mit der Bitte um baldige Rückäußerung und trägt den Stempel der Einlaufstelle des Landes- und Bezirksgerichtes Linz und die Aktenzahl Vg 8 Vr 6626/47 der Staatsanwaltschaft Linz. Nirgends in den Akten taucht ein Hinweis auf, dass die Staatsanwaltschaft Linz das Material je angefordert hätte.

Ein halbes Jahr nach der Anfrage der Witwe Hoefner, am 27. Februar 1949, schreibt der Kunsthändler Welz dem Amt der Salzburger Landesregierung, das wegen der laufenden Strafsache Bedenken hatte, Welz eine Konzession für einen Verlagsbuchhandel zu erteilen: *„Ich habe erst kürzlich, anläßlich meiner Bewerbung um einen Reisepaß, davon Kenntnis erhalten, daß gegen mich beim Landesgericht Linz eine Vorerhebung wegen obiger Paragraphen [= § 6 KVG und § 197 StG], aufgrund einer Denunzierung meines vormaligen kommissarischen Verwalters Dr. Fritz Hoefner, gegen den nach Abschluß seiner Verwaltertätigkeit eine Untersuchung vom Amte der Landesregierung Abt. VIIIc, sowie von der Wirtschaftspolizei durchgeführt wurde, laufe. Der Akt des Dr. Hoefner, mit welchem Verfehlungen und grobe Fahrlässigkeit desselben festgestellt wurden, wurde szt. an die Staatsanwalt-*

schaft abgetreten. Ich bin eben dabei die Haltlosigkeit der gegen mich erhobenen Anschuldigungen nachzuweisen und die Einstellung des Vorerhebungsverfahrens zu beantragen. Friedrich Welz".

Welz war am 31. Juli 1947, kurz nach der Anzeige Fritz Hoefners, in der Bundespolizeidirektion Salzburg einvernommen worden. Die Staatsanwaltschaft Linz eröffnete am 10. September 1947 die Voruntersuchung – wovon aber Welz, laut obigem Brief, erst zu Beginn des Jahres 1949 Kenntnis erhalten haben wollte. Mit Hoefners Tod war dessen Belastungsmaterial gewissermaßen verwaist, sodass Welz seine Aktivitäten von nun an darauf beschränken konnte, „die Haltlosigkeit der gegen mich erhobenen Anschuldigungen nachzuweisen". Er nominierte acht Zeugen, die erwartungsgemäß zu seinen Gunsten aussagten. Und das reichte der Linzer Staatsanwaltschaft, mit der Entscheidung vom 25. Jänner 1950 das Strafverfahren gegen Friedrich Welz nach § 6 KVG (Kriegsverbrechergesetz) einzustellen.

Damit hat Friedrich Welz – und das ist für seinen Ruf als führender Kunstexperte Österreichs von entscheidender Bedeutung – quasi amtlich bestätigt bekommen, was er stets in aller Öffentlichkeit behauptet hat: nie irgendeine Zwanglage jüdischer Bürger ausgenützt zu haben; nie sich bereichert zu haben; willkürlich im US-amerikanischen Lager Glasenbach inhaftiert gewesen und danach ebenso willkürlich angezeigt worden zu sein. Das alles konnte Welz behaupten, obwohl er im Jahr 1948 von österreichischen Gerichten, von deren Rückstellungskommissionen dazu verurteilt worden war, „entzogenes" jüdisches Vermögen seinen Eigentümern bzw. deren Erben zurückzuerstatten: die Villa Steinreich in St. Gilgen; die Galerie Würthle in

Wien; Kunstwerke aus der Sammlung des Wiener Arztes Heinrich Rieger, der im KZ Theresienstadt ums Leben gekommen ist. Und an der biografischen Konstruktion konnte nicht einmal die Tatsache etwas ändern, dass die „U. S. Allied Commission Austria" gemäß der Londoner Deklaration von 1943 nach dem Krieg eine große Menge Kunstwerke restituiert hat, die der Galerist in der NS-Zeit auf „Einkaufsreisen" in Paris für das Salzburger „Gästehaus des Führers" angeschafft hatte. Noch in den 50er Jahren, nach der Einstellung des Strafverfahrens in Linz, suchten französische Experten nach Kunstschätzen – allerdings vergeblich, sie waren gut verborgen.

Gut verborgen blieb lange auch die Verwicklung des Landes Salzburg und einiger österreichischer Museen in die Geschäfte des Friedrich Welz - wären diese seriös gewesen, hätten die Beweismittel nicht unterdrückt zu werden brauchen. Auch das gehört zu dem düsteren Kapitel in der Geschichte der Beutekunst und der „Arisierung" in Österreich. Düster – trotz aller Schönrederei, wie sie etwa in einer Art biografischer Leistungsschau anlässlich des 75. Geburtstages von Friedrich Welz im Jahr 1978 zu lesen ist:

„Es ist eine Erfahrung im Umgang mit Menschen, die Außergewöhnliches geleistet haben, daß sich die Neigung zu ihrem späteren Tun schon in den frühen Jahren ihres bewußten Lebens gebildet hat. [...] 1938 übernahm Welz nach langem Zögern die Galerie Würthle in Wien. Die Besitzerin, Lea Jaray-Bondi, war Jüdin und mußte aus Wien fliehen. Eine Kommission setzte den Kaufpreis fest, den Welz zahlte und der nach dem Krieg, als die Galerie wieder den alten Besitzern übergeben wurde, refundiert wurde. In Wien wie in Salzburg bemühte sich Welz, auch in den für die moderne Kunst so schwierigen Jahren gute Ausstellungen zu veranstalten, die nicht so-

fort zur Schließung der Galerien Anstoß gaben und doch den Kunstfreunden etwas Anregung boten. So stellte Welz unter anderem Werke von Faistauer und Kolig aus. Ständige Kontrollen und oftmalige Drohungen waren einer freien Entfaltung nicht gerade förderlich, aber Welz verstand es geschickt, die Chancen doch zu nutzen. Die vielleicht größte und eindrucksvollste Ausstellung wurde von Friedrich Welz 1940 zum hundertsten Geburtstag des berühmten Salzburger Malers Hans Makart in der Salzburger Residenz zusammengestellt, die damals in aller Welt großes Aufsehen erregte. Kontakte zu Frankreich von früher lebten in den Kriegsjahren wieder auf und häufige Reisen nach Paris gaben Welz die Möglichkeit, französische Kunst einzukaufen, sowohl im Auftrag der Landesgalerie als auch für seine eigene Sammlung. Was ihm nach dem Krieg eine Zeit lang Haft eintrug, war nichts anderes als ein normaler Kunsthandel, wenn auch manche das bis heute nicht glauben wollen. [...] Welz erwarb damals neben Bildern von Toulouse-Lautrec, Corot, Manet und Degas, um nur einige zu nennen, vor allem bedeutende Plastiken von Maillol und Rodin, die nach dem Krieg übereifrig sofort wieder an die Franzosen zurückgegeben wurden, obwohl die Franzosen bestätigten, daß die Käufe legal und korrekt durchgeführt worden waren. Die ‚Drei Grazien' von Maillol wollten die französischen Behörden sogar als Dank für die Rettung so manch bedeutenden Kunstwerkes schenken, das Land aber verweigerte die Geste."

Die Autorin der hier auszugsweise zitierten Welz-Biografie – erschienen 1978 im Verlag der Galerie Welz – ist Angelica Bäumer, deren Familie im Jahr 1933 vor der nationalsozialistischen Rassenpolitik aus Deutschland geflohen und nach Salzburg emigriert ist. Hier, in Salzburg, war die Familie Bäumer nach dem Anschluss weiterer Verfolgung ausgesetzt. Dessen ungeachtet präsentierte Friedrich Welz anno 1942 in seiner „arisierten" Wiener Galerie Würthle etliche Werke Eduard Bäumers, des Vaters von Angelica. Das ist wohl auch der Grund, dass sie zwischen den Zeilen beteuert, Antisemitismus sei keine Triebfeder des Kunsthändlers Friedrich Welz gewesen, und den Jubilar in der Rolle des von Lauterkeit bestimmten Opfers darstellt.

Der Österreicher Welz – er stirbt bald nach der Laudatio – wollte sich mit Hilfe der huldigenden Stimme eines Opfers jüdischer Herkunft den Ruf einer tadellosen Persönlichkeit und die Ehre des Nachruhms verschaffen: Opfer von Siegerwillkür, Enteignung und Denunziation einerseits, allzeit seriöser Geschäftsmann andererseits, dabei zugleich Gegner der braunen Kunstdoktrin, Retter französischer Kunstschätze, Wohltäter jüdischer Bürger und Förderer der österreichischen Moderne. Und als Gründer der „Schule des Sehens" (künstlerischer Leiter Oskar Kokoschka) und dann noch als Stifter der Salzburger Landessammlung Rupertinum war Welz – selbstverständlich auch Ehrenprofessor und Senator der Universität Salzburg – bis zum Ende des 20. Jahrhunderts ein öffentlich geschütztes und bekränztes Denkmal.

Karl Kraus hat einmal von der „Scheinheiligung" gesprochen. Gegen dieses Heiligendenkmal anzuschreiben, scheint wie jeder weitere Aufwand, den Haufen Papier über die Strafsache Friedrich Welz aufzuarbeiten, ein sinnloses, ein kräfteraubendes Bestreben. Es ist aber wohl ein notwendiges: Wenn jemand wie Welz, als ein Meister des Verwirrens, rhetorisch in die Rolle des Wohltäters und Opfers schlüpft – eine Rolle, die der Österreicher so sehr liebt –, dann gilt es, dieses Verwirrspiel zu entwirren, aufzudecken und dieser allseits beliebten Rhetorik unser verhasstes Spiegelbild entgegenzuhalten.

Mauthausen – letzte Vergasung 28. April 1945: Ein Mensch kritzelt an die Wand der Todeskammer: „Sich fügen, heißt lügen". Darin liegt die Motivation für dieses Buch: beharrlich an die verschwiegene Routine der Täter zu erinnern. Diese Routine zu brechen, scheint heute (wieder?) Sakrileg zu sein. *Die Banalität des Bösen*, griffiger Untertitel der Studie *Eichmann in Jerusalem* von Hannah Arendt, ist den kleinen wie den großen Befehlserfüllern das Vehikel, ihre Verantwortung, ihre Schuld auf „das Nazi-System" zu schieben. Und den solcherart verwerteten Begriff hat der Dichter Martin Walser in seiner „Friedenspreisrede" in der Frankfurter Paulskirche am 11. Oktober 1998 polemisch paraphrasiert: „Die Banalität des Guten". Heißt das, dass die Erinnerung für die Täter und deren Erben schmerzlicher ist als für die Opfer und deren Erben?

Es geht in diesem Buch nicht darum, die Biografie eines Menschen, der „Außergewöhnliches geleistet" hat, zu desavouieren, und schon gar nicht darum, diesen Menschen zum Bösen zu stilisieren und dabei Politiker und Ämter reinzuwaschen, wie dies plötzlich in Salzburg geschieht – eine Reaktion auf die ersten Enthüllungen im Jahr 1999. Es geht vielmehr darum, dieses Leben in all seinen Aktivitäten und Beziehungen darzustellen – also auch das dichte Knäuel von Seilschaften zu entwirren – und es im gesellschaftlichen und politischen Kontext bis in das Jahr 2000 herein zu konturieren.

Im politischen Getriebe: Kunstsalon F. Welz

Freunde, gute Freunde, die an ihn glaubten, hat Friedrich Welz immer gehabt – auch in der NSDAP, und das bereits zu Zeiten des Parteiverbots nach 1933. Damals war die Mozartstadt – Max Reinhardt verzauberte sie nur für wenige Wochen – die Drehscheibe nationalsozialistischer Propaganda. „Illegale" waren es beispielsweise, die in der – ganz legalen – „Österreichisch-Nordischen Gesellschaft" kulturpolitisch arbeiten durften. Und im Sinne der Dritten Reiches organisieren sie in der Galerie Welz die Anschluss-Lesung unter dem Motto „Ein Festabend im Geiste der Verbrüderung" – am 7. März 1938, also einige Tage vor dem Gewaltstreich. Hans Friedrich Blunck, erster Präsident der Reichsschrifttumskammer, deklamierte „Mahnworte des neuen Deutschland", „mit Fahne und Hoheitszeichen seines Herkunftslandes" war die Galerie Welz geschmückt, und Privatdozent Kurt Lundwall dankte namens der Nordischen Gesellschaft.[1]

„Die schönsten Führer-Bilder bei Welz, Sigm. Haffnergasse / Auslieferung des nat.-soz. Bilderverlages Heinz Hoffmann, München. Wiederverkäufer verlangen Spezialangebote."[2] Was hier erstmals am 12. März 1938 inseriert wird, war sicher bereits in der Verbotszeit der NSDAP käufliches Propagandamaterial, das aus der „Stadt der Bewegung" – dem Verlag des Leibfotografen Hitlers – bezogen wurde. Dessen „Führer"-Bilder sind der bescheidene Anfang der Karriere von Welz. Doch bald darauf folgt die Politschau „Die Straßen des Führers", die rechtzeitig vor der „Volksabstimmung" am 10. April 1938 von Reichsminister Fritz Todt in der Galerie Welz eröffnet wurde.

Welz hatte seine persönlichen Beziehungen zu den neuen Herren spielen lassen – Beziehungen, die schon seit längerem existieren: Zwar war Welz erst seit Juli 1938 Partei-Mitglied, doch, nach eigenen Angaben im Fragebogen, seit 1936 der Nordischen Gesellschaft verbunden.

Dabei war Welz aller Wahrscheinlichkeit gar kein Sympathisant des Naziregimes. Welz war auch damals, in der Zeit des sogenannten inneren und äußeren Anschlusses, ein mehr oder weniger skrupelloser Händler. So sieht ihn vermutlich auch der nach Salzburg emigrierte deutsche Schriftsteller Alexander M. Frey in seinem Schlüsselroman *Hölle und Himmel*. Frey schildert die schaurige Salzburger Atmosphäre vor dem 12. März 1938: neben dem Gedränge um das Fernrohr, das auf den Berghof des „Führers" bei Berchtesgaden ausgerichtet ist, auch den nicht minder großen Ansturm auf die „Bildchen vom Berghof", die der „Rahmenhändler Ravello" unter der Hand verkauft, während über seinem Kopf Gauguin, Cézanne und Faistauer prunken.[3]

Friedrich Maximilian Welz war der Sohn eines Rahmenhändlers und Vergolders in Salzburg, dessen Werkstatt sich in der Sigmund Haffnergasse Nr. 16 befand. Der Sohn lernte das Handwerk des Vaters in Wien, arbeitete dann in der Wiener Rahmenfabrik seines Onkels – „Welz-Rahmen", eine Marke von internationalem Ruf. Nach dem Tod des Vaters machte der Sohn aus der herabgewirtschafteten Rahmen- und Vergolder-Werkstatt binnen kurzem die renommierte Galerie Welz, die anno 1934, zur Eröffnung der Salzburger Festspiele, ihre Pforten öffnet: „Kunstsalon F. Welz, Sigmund Haffnergasse 16, Kunstausstellung Kokoschka – Wiegele – Kubin – Dobrowsky – Steinhart – Schulz. Eintritt 50 Groschen, Werktag 8 – 18 Uhr,

Sonntag 9 – 13 Uhr".[4] Der Start war allerdings überschattet vom nationalsozialistischen Terror, wie er sich in fetten Schlagzeilen dokumentiert: „Ermordung des Kanzlers Dollfuß" – „Österreich am Sarge des toten Bundeskanzlers" – „Eröffnung der Salzburger Festspiele mit den C-Moll-Akkorden des Trauermarsches aus der Eroica".[5]

Im Visier des Terrors lag die Grenz- und Festspielstadt Salzburg nicht zuletzt deshalb, weil sie mit dem italienischen Dirigenten Arturo Toscanini, mit dessen rigider Haltung gegenüber der nationalsozialistischen Kulturgewalt und zugleich mit dem schwammigen österreichischen Bekenntnis zur Weltsendung reüssieren konnte, in Westeuropa wie in Amerika. Das republikanische Frankreich beispielsweise rühmt das unvergleichliche Flair, die Internationalität und Weltoffenheit der Traumstadt: *Le Magie de Salzbourg* (Pariser Rundfunk im Jahr 1937). Und so mehren die polyglotten Gäste die geschätzten Devisen und den unschätzbaren Ruf der Weltstadt im Festspielsommer. Diese grenzt aber an das Dritte Reich, das im Jahr 1937 „entartete" Kunst anprangert und im spanischen Bürgerkrieg Guernica bombardiert – eine politische Konstellation, die man auf der österreichischen Seite gelassen überspielt: „Es lärmen mit Waffen heut' viele. Du, glückliches Österreich, spiele!"[6]

Im mondänen Glanz der Festspiele hofierte Welz „moderne Meister", darunter auch solche jüdischer Herkunft und „Entartete": Kokoschka, Klimt, Schiele, Gerstl, Faistauer, Kubin, Boeckl, Thöny, Wotruba, Kolig, Jean Egger, Slavi Soucek, Anton Steinhart sowie Munch, Liebermann, Vlaminck, Corinth, Chagall, Utrillo und Gauguin. Auf diese Weise konnte Welz, quasi ein Exote des Geschmacks in der Provinz, sich in wenigen Jahren etablieren, wobei der österreichische „Ständestaat" wohlwollend sein Plazet gab: „Man ist bereits gewohnt, bei Welz Werke von international anerkannten Künstlern zu sehen, die sich sonst wohl nur selten in die Provinz verirren."[7] Freilich, außerhalb der Festspielzeit werden die „modernen Meister" dem Kunsthändler kaum einen geschäftlichen Erfolg verschafft haben. Selbst Kanzler Kurt Schuschnigg hat sich keinen „entarteten" Kokoschka, sondern einen soliden Steinhart gekauft, ganz dem Geschmack des Salzburger Kleinbürgertums entsprechend. Dennoch: Für Welz waren Schlagworte wie „Entartung", „Undeutsches und Zersetzendes", wie sie vor 1938 in der *Gesellschaft Salzburger Kunstfreunde* unverblümt wuchern, inakzeptabel. Das Programm seiner Galerie korrespondiert mit den bürgerlichen Wiener Sammlungen: da gab es vornehmlich österreichische Tradition und Moderne.

Anlässlich der Salzburger Festspiele 1937 managt Friedrich Welz die Österreich-Schau ausgewählter Werke von Ferdinand Georg Waldmüller, dem „König der Wiener Genremaler". Dessen Werk rühmte Bruno Grimschitz als „giltiges Zeugnis für die reinste Kraft österreichischen Wesens in der Malerei des XIX. Jahrhunderts". Das schreibt der Dozent für Kunstgeschichte und Kustos der Österreichischen Galerie im Geleitwort des Kataloges, der 1937 zweisprachig erscheint. Die Ausstellung wurde – wie sich das im Rahmen der Festspiele so gehört – mit einem österreichischen Feierakt in der Salzburger Residenz eröffnet. Das Dankeswort, das Welz bei dieser Gelegenheit spricht, zeigt, dass er schon vor dem Anschluss seine Wiener Beziehungen gut zu nutzen verstanden hat. Mitveranstalter war die Neue Galerie (Otto Nirenstein, 1938 Vita Künstler), Leihgeber waren die Österreichische Galerie (Direktor Martin Haberditzl, 1938 Bruno Grimschitz), das Historische Museum der Stadt Wien

(Direktor Oskar Katann, 1938 Karl Wagner) sowie einige Privatpersonen.[8]

Ebenfalls 1937 eröffnet Landeshauptmann Franz Rehrl die Ausstellung des *Sonderbundes österreichischer Künstler*, der von Anton Faistauer gegründet worden war und die revolutionär angehauchte Vereinigung *Der Wassermann* abgelöst hatte. Zu diesem Anlass stellte Friedrich Welz der – längst gezähmten – österreichischen Moderne die Villa Wittek in der Salzburger Schwarzstraße zur Verfügung. Das war seine großzügig ausgestattete Dépendance, während sich das kleine Geschäft und die Werkstatt weiterhin in der Sigmund Haffnergasse, im sogenannten Festspielbezirk, befanden. Im Rahmen der letzten Festspiele mit Toscanini und Reinhardt wurde das politische Glaubensbekenntnis vehement demonstriert: Fürsterzbischof Sigismund Waitz, Landeshauptmann Franz Rehrl, Architekt Clemens Holzmeister sowie ein Vertreter des *Sonderbundes österreichischer Künstler* huldigten in einer quasi-religiösen Zeremonie dem Schöpfer der berühmten Fresken im Festspielhaus. Dazu verfasste der Dichter Karl Heinrich Waggerl, Träger des österreichischen Staatspreises für Literatur, die Inschrift auf der Gedenktafel, die feierlich enthüllt wurde: *„Anton Faistauer / Salzburg 1887-1930 / Das Erbe der Alten bewahrend / Die Jugend ins Künftige weisend / Hinweggenommen von der Höhe seines Lebens / Unsterblich durch das Zeugnis seiner Kunst."*[9]

Verstümmeltes Österreich mit falschem Etikett

Ein Jahr später, im Sommer 1938, inszenierte Joseph Goebbels die „ersten großdeutschen Festspiele". Die Fresken des gefeierten Anton Faistauer waren mit Tüchern verdeckt, da der Künstler neben Bibel- und Jedermann-Szenen auch den Bauherrn verewigt hatte; das war Landeshauptmann Franz Rehrl, der von den neuen Machthabern abgesetzt worden war. An den verhüllten Wänden im Festspielhaus wirkten nun großdeutsche Hoheitszeichen und eine Hitler-Büste als Blickfang: ausgetauschte Schöpfer- und Führer-Symbole. In diesem politisch bewegten Sommer präsentierte Friedrich Welz in seiner Galerie die Ausstellung „Deutsche Malerei in Österreich von Waldmüller bis Faistauer". Anlässlich der Eröffnung erinnerte Reinhold Glaser im *Salzburger Volksblatt* an den Verlust von Faistauer-Bildern im Jahr 1931: *„Der Brand des Münchner Glaspalastes zerstörte auch Italien-Bilder des Künstlers. Alle, die Faistauers bestehenden Werken (Wandbilder des Festspielhauses) nicht nur weiteren Bestand, sondern auch weitherziges Verstehen wünschen, trauern um diesen Verlust."* [10] Der eigentliche Sinn dieses Gedenkens war nur Eingeweihten verständlich: Es war der Versuch der deutschnationalen Bürgerschaft – diese hat Faistauer schon in den 20er Jahren in ihre „völkische" Tradition eingebunden –, die drohende Zerstörung der Fresken abzuwenden. Vergeblich: diese mussten einige Monate später mit Hilfe eines speziellen Verfahrens von den Wänden gelöst werden – dabei wurden sie teilweise zerstört.

Das hier sich dokumentierende weitgehend erfolglose Bestreben, diesen Traditionsfaden aufzugreifen und zumindest einige Werke des 20. Jahrhunderts der „deutschen Malerei" einzuverleiben, manifestiert sich auch im Katalog der Galerie Welz zur Ausstellung „Deutsche Malerei in Österreich von Waldmüller bis Faistauer". Hier finden sich überwiegend österreichische Künstler des 19. Jahrhunderts wie Jakob, Franz und Rudolf Alt, Amerling, Danhauser, Ender, Fendi, Gauermann, Makart, Pettenkofen, Romako, Jakob Emil Schindler und Waldmüller. Zeitgenössische Kunst war unterrepräsentiert: ein Blumenstillleben von Ernst Huber, ein Akt von Anton Kolig und neun Stillleben, Porträts und Landschaften von Faistauer (dessen Ölbild *Bei Maishofen in Salzburg* ist vermutlich identisch mit *Landschaft bei Maishofen*, das dem 1938 vertriebenen Galeristen Otto Nirenstein gehörte; das Ankaufsdatum ist unbekannt). Das Geleitwort für den Katalog verfasste abermals Bruno Grimschitz. Dieser hatte noch vor dem Anschluss in der deutschnationalen Monatsschrift *Der Getreue Eckart* den Künstler Faistauer und „die Schar der mit ihm schaffenden Maler und Zeichner Schiele und Kokoschka, Wiegele, Kolig und Kubin" gewürdigt.[11]

Doch anno 1938 wagte Grimschitz über die Wiener Moderne bloß zu sagen, dass die führenden Kräfte der österreichischen Malerei im 20. Jahrhundert von der Malerei Gustav Klimts ausgegangen seien und Anton Faistauer diesem jüngeren Geschlecht angehöre.[12] Ausgeblendet wurden vor allem Faistauers Engagement für Schiele und Kokoschka, seine Auftragskunst, sein sakrales Werk und dessen politische Verwertung am Wiener „Allgemeinen Deutschen Katholikentag" im Jahr 1933.

Das Gespann Welz und Grimschitz, das erstmals 1937 in Erscheinung getreten ist, hat sich 1938 der nationalsozialistischen Kulturpolitik opportunistisch angepasst, während alles Mondäne mit dem Zauberer Max Reinhardt aus Salzburg vertrieben worden ist. Willi Schuh, der Wiener Musikkritiker, sagt treffend im Schweizer Exil: „Die neuen Herren geben sich als Retter und Erneuerer, während sie in Wirklichkeit die Nutznießer derer sind, die sie beschimpfen oder totschweigen."[13] Spätestens mit der Prangerschau „Entartete Kunst", die im Herbst 1938 – gleichsam als das kulturpolitische Pendant der Judenvertreibung – durch das Salzburger Festspielhaus wandert, verlieren sich die „modernen Meister" in der Galerie Welz. Das wird nicht zuletzt in ihren Inseraten deutlich, in denen allen Kunden ein größeres Kontingent alter Meister bis zum Ende des 19. Jahrhunderts angeboten wird – daneben ein kleines zeitgenössisches, schließlich und gleichsam versteckt ein „u. a. m", womit vielleicht Gerstl, Schiele und Klimt gemeint sind.[14]

Während im Licht der kontrollierten Öffentlichkeit die Auswahl an österreichischer Moderne zunehmend kleiner wird, expandiert die Galerie Welz: In Wien „arisiert" der Kunsthändler die Galerie Würthle, deren Eigentümerin Lea Jaray nach England flüchtet, und in Salzburg avanciert Welz zum Monopolhändler des Reichsgaues Salzburg. Im Jahr 1939 werden die ersten Landschaftsbilder angekauft, und zwar für eine damals nicht näher bestimmte Landesgalerie. Diese ist jedenfalls nicht identisch mit der Residenzgalerie, die anno 1939 „stillgelegt" wird, weil Gauleiter Rainer alle Präsentationsräume in der alten Residenz beansprucht.

Im Festspielsommer 1939 veranstaltet Welz – auf Initiative des Regierungspräsidenten Albert Reitter, Salzburgs Anschluss-Macher mit deutschromantischer Passion – die Ausstellung „Salzburg und das Salzkammergut im 19. Jahrhundert" mit Erwerbungen der Galerie Welz und Leihgaben der Österreichischen Galerie, der Albertina und des Salzburger Stadtmuseums. Zu sehen waren: Meister des Kupferstichs wie Merian der Ältere, Franz Anton Danreiter und August Naumann, vor allem die künstlerischen Entdecker der Salzburger Landschaft und Maler der deutschen Romantik wie Albrecht Christoph Dies und Ferdinand Olivier – Lithographien *Sieben Gegenden aus Salzburg und Berchtesgaden* –, weiters jüngere österreichische Maler der einst blühenden Sommerfrische wie Rudolf Alt, Anton Doll, Thomas Ender, Ludwig Richter, Jakob Emil Schindler und selbstverständlich Ferdinand Waldmüller.[15]

Im folgenden Festspielsommer 1940 huldigt Albert Reitter als Kulturbeauftragter des Gauleiters Rainer dem Altwiener Genremaler Michael Neder. Dessen Werk (114 Blätter) habe man erst aus öffentlichem und privatem Besitz zusammentragen müssen, bemerkt Friedrich Welz, der in seiner Wiener und Salzburger Galerie aufeinander folgend die Sammlungen präsentiert. Zum Verkauf standen 76 Werke aus Privatbesitz, die Welz während seiner kurzen Wiener Geschäftstätigkeit erworben hatte, wobei er die Herkunft, die Vorbesitzer der käuflichen Ware, zum Beispiel der Bilder *Heimschleichender Soldat* und *Raufhandel,* tunlichst verschweigt.[16]

Makart im Blitzkrieg

Am 28. Mai 1940, am hundertsten Geburtstag von Hans Makart, erklingt in den Prunkräumen der Residenz die pompös drapierte Sinfonik der Liszt'schen Préludes. Wehrmacht, SS und Partei mit Hakenkreuzbinden umringen den Sohn Makarts und den Reichskultursenator Emil Jannings, die prominentesten Ehrengäste. Inszeniert hat diese Reichsfeier Friedrich Welz: für Makart, den Maler-Fürsten der Wiener Ringstraßenära, für sich selbst und seinen „Schutzherrn", für Hermann Göring, den gierigsten Sammler in der NS-Führung. Die bombastische Gedächtnis-Ausstellung bestand aus Leihgaben Salzburger, Linzer, Grazer, Wiener, Münchner, Hamburger und Berliner Museen sowie aus Privatbesitz. [17]

Welz bedauert in aller Öffentlichkeit einige Mängel der Ausstellung. Der Katalog erschien erst verspätet im Wiener Verlag „Kunst dem Volk"-Herausgeber Heinrich Hoffmann, Hitlers Leibfotograf; der Katalog enthält die Festansprache von Bruno Grimschitz, die wegen einer Erkrankung bei der Eröffnung verlesen werden musste, und die Makart-Monografie des Wiener Kunsthistorikers Gustav Künstler, dessen Frau Vita die Wiener Neue Galerie von Otto Nirenstein übernommen hatte. Statt des Kolossalgemäldes *Pest in Florenz* konnte Welz nur Studien präsentieren – später treibt Welz eine Variante des Ölbildes auf. Von vornherein war aber die Attraktion der politischen Schau Makarts große *Falknerin*, ein Gemälde, das bis 1937 österreichischer Privatbesitz war, und 1940 den Vermerk trägt: „Geschenk des Führers zum 45. Geburtstag Hermann Görings". Im

Artikel „Hans Makart in neuem Lichte" rekapituliert Welz in ebenso selbstgefälliger wie sprachlich angepasster Manier: „*Generalfeldmarschall Göring hat die Ausstellung durch die Übernahme der Schutzherrschaft besonders ausgezeichnet. Damit wird dieser Veranstaltung ein besonderer Platz innerhalb der kulturellen Leistungen Deutschlands während des Krieges eingewiesen.*" [18]

Auch Hans Makart, dessen Werk lautlos für das Linzer „Führer-Museum" zusammengerafft wurde, hatte öffentlich zu dienen: als kulturelle Galionsfigur der Kriegsherren im Frankreich-Feldzug. Und unüberhörbar tönte in den medialen Rummel rund um das Makart-Jubiläum das neue Marschlied: „.... *Über die Maas, über Schelde und Rhein / Marschieren wir siegreich nach Frankreich hinein!*"

Reichsautobahn, Kärnten und Trophäen

In die Zeit zwischen dem „Blitzkrieg" im Westen und dem Vernichtungskrieg im Osten fällt die aktivste Geschäftsphase von Friedrich Welz: der Kauf der „arisierten" Villa Steinreich in St. Gilgen; einige „Einkaufsreisen" nach Paris im Auftrag des Salzburger Reichsstatthalters Friedrich Rainer; die Organisation diverser Ausstellungen mit Werken von Makart über Ernst Huber und Kärntner Zeitgenossen bis hin zu berühmten französischen Meistern des 19. Jahrhunderts.

Mit der Schau „Die Straßen des Führers" im April 1938 hatte Welz schon einmal Reichsminister Fritz Todt anlocken können. Im März 1941 eröffnete der Generalinspektor für das Straßenwesen in der Residenz die Ausstellung „Ein Maler erlebt die Reichsautobahn" mit Aquarellen des Wiener Landschaftsmalers und Secessionisten Ernst Huber. Dieser hatte sich in Wagrain, im Ort des Bürgermeisters und Dichters Karl Heinrich Waggerl, angesiedelt. In dieser Gemeinschaft entstand auch die Propagandaschrift *Pfingstidyll an der Reichsautobahn* – der Text ist von Waggerl, die Bilder sind von Huber, der Auftraggeber und Herausgeber heißt Reichsminister Todt.[19] Dazu gehört ebenso Friedrich Welz, dessen Kundenstock von Waggerl bis hinauf zum Reichsminister in Berlin reichte. Auch der Händler Welz beherrschte den Politjargon als Geschäft: „Der Wille des Führers, den technischen Bauleistungen des Reiches den künstlerisch vollkommensten Ausdruck zu verleihen, hat in den Straßen des Führers sichtbarste Gestalt gewonnen."[20]

Nach dem Angriff auf die Sowjetunion, während der „Kriegsfestspiele" im Hochsommer 1941, liefen in Salzburg zwei einander ergänzende Ausstellungen: zum einen die „Kärntner Kunstschau", mit einer großen Bandbreite der Sujets – von Anton Koligs Flora bis zu Sepp Dobners Führer –, die alle die „völkische" Identität des Veranstalters spiegeln sollten: der Salzburger Gauleiter Rainer war gebürtiger Kärntner;21 zum anderen „Französische Kunst des 19. Jahrhunderts", das sind Kriegstrophäen, die anschließend als Ausstattungsgemälde die Prunkräume führender Köpfe wie Hitler und Rainer schmücken.[22]

Friedrich Welz bedankte sich bei Gauleiter Rainer, der den Ehrenschutz über die französische Trophäensammlung übernommen hatte. Der Gauleiter seinerseits würdigte den unermüdlich im Dienste der Kunst wirkenden Inhaber der Galerie Welz und verkündete: *„Die meisten in dieser Ausstellung gezeigten Werke werden einmal durch eine großzügige Entschließung des Inhabers in den Besitz des Landes übergehen und den Grundstock einer bedeutenden Sammlung bilden, die mit dem Namen des Gründers verbunden sein und einen wesentlichen Bestandteil der Landesgalerie Salzburg bilden wird, deren Schaffung bevorsteht."* Nach dem „Sieg Heil auf den Führer" durfte Welz in der Salzburger Villa Wittek seine Blitzkrieg-Beute vorstellen: Daumier, Renoir, Sisley, Manet, Monet, Rodin, Maillol und andere. So schließt auch das NS-Gaublatt seinen Bericht mit dem Ausdruck des präpotenten Selbstgefallens: *„Daß Salzburg eine Ausstellung französischer Kunst überhaupt herausbringt, ist schön und dankenswert und zeugt von dem weltoffenen Geist der Festspielstadt."* [23]

Heimatschatz und delikater Schiele

In geistlos martialischer Sprache meldete die regionale Presse am 13. März 1942, Gauleiter und Reichsstatthalter Gustav Adolf Scheel habe die Errichtung der Landesgalerie in Salzburg als Einrichtung des Reichsgaues vollzogen. Rechtsträger sei der Reichsstatthalter (Gauselbstverwaltung). Zum Beauftragten sei Pg. Friedrich Welz bestellt worden. Er habe schon im Auftrag Rainers wichtige Vorarbeiten geleistet.[24] Merkwürdig ist, dass trotz dieser Rühmung die Presse des Reichsgaues Salzburg nur eine einzige Aktivität des Leiters der Landesgalerie wahrnimmt: Ende November 1942 besuchte Gauleiter Scheel die Personalausstellung des Malers Anton Steinhart in der Galerie Welz; zu diesem Anlass publiziert Friedrich Welz im Salzburger NSDAP-Organ „Eine Studie".[25]

Inzwischen hatte der neue Salzburger Gauleiter den Kulturbeauftragten seines Vorgängers ausgetauscht. Albert Reitter, der kunstsinnige Regierungspräsident, dessen deutschromantische Passion als Galerie der Landschaften des verflossenen Jahrhunderts realisiert worden war, flüchtet nach einem geheimen Verfahren an die Nordsee. Mit diesem korrupten Politiker verschwindet auch der Schutzherr der Geschäfte, die Welz mit dem Reichsgau abgewickelt hatte. Und als seine Salzburger Landesgalerie im Juli 1943 endlich „provisorisch" eröffnet werden konnte, gab es keinen politischen Pomp, keine Festrede des Gauleiters, des Galeriedirektors oder eines Kunstexperten. Diese erste Ausstellung – „Heimatliche Landschaft des 19. Jahrhunderts, Schätze unserer Landesgalerie" – organisierte jedenfalls noch Welz in seiner Galerie in der Schwarzstraße (Villa Wittek).[26]

Im Jahr 1943 soll Welz noch eine Ausstellung angeboten haben – sogar mit Teilen der Faistauer-Fresken aus dem Festspielhaus, und das sehr zum Ärger der Machthaber, was die Presse freilich ebenso verschwiegen hat. Zwei Ausstellungen der Landesgalerie im Kriegsjahr 1944 haben offensichtlich andere Organisatoren: so die Kurt Eder-Gedenkausstellung der Reichsstudentenführung (der verstorbene Maler Kurt Eder war Mitarbeiter des Salzburger Kunsträubers Kajetan Mühlmann)[27] und die Reichsarbeitsdienst-Ausstellung mit Arbeiten Albert Birkles aus besetzten Gebieten (der Künstler zählte in den 20er Jahren zur Berliner Avantgarde)[28].

Im Sommer 1944, schon während der massiven Einschränkungen aller kulturellen Aktivitäten, bietet die Landesgalerie ihre letzte Bilderschau in zwei Teilen: „Von Füger bis Klimt" und „Von Klimt bis zur Gegenwart". Hier wird der Bogen von der Romantik hin zur österreichischen Moderne geschlagen und somit das Gemeinschaftsprogramm der Herren Reitter und Welz vorgestellt, die aus der nationalsozialistischen Öffentlichkeit verschwunden waren. Über die gezeigten 71 Werke von 30 Künstlern existieren leider nur knappe „Kunstberichte".[29] Zum Abschluss eines Berichtes rühmt der Kulturredakteur Otto Kunz die anrüchige Moderne, gegen die er 1938, anlässlich der Prangerschau „Entartete Kunst", eine wüste Tirade geritten hatte: *„Gustav Klimt an der Jahrhundertwende geht in seinen Zeichnungen auf die visionäre Kraft der ästhetischen Linie. Welcher Kampf, heute kaum mehr verständlich, tobte einst um diesen Mann! Und nicht minder um einen jüngeren, Egon Schiele, dessen ‚Bildnis seiner Frau', eine delikate, psychologisch aussagende Zeich-*

nung mit sparsamsten Mitteln ist. Er war einer der letzten Repräsentanten der alten Doppelmonarchie, geriet übrigens später selbst in Dekadenz. Aus seiner guten Zeit besitzt die Landesgalerie auch ein Ölbild Schiffe. Otto Kunz" [30]

Trotz der vagen Beschreibungen der zitierten Schiele-Arbeiten ist von der Annahme auszugehen, dass sie aus der „arisierten" Sammlung des Arztes Heinrich Rieger stammen. Unverständlich bleibt, dass die Zeichnung *Bildnis seiner Frau* (Edith) und das Ölbild Schiffe – vermutlich *Hafen von Triest* – weder im Inventar der Landesgalerie noch in jenen Listen zu entdecken sind, die anlässlich der Betriebsprüfung der Galerie Welz zusammengestellt wurden.

Schöngefärbte Betriebsprüfung

Gemäß den zugänglichen Akten im Salzburger Landesarchiv war Welz ein unbescholtener Händler und „Beauftragter des Gauleiters und Reichsstatthalters für die Landesgalerie Salzburg". Als vermeintlicher Amtsträger führte Welz ein Rundsiegel mit dem Hoheitszeichen und Hakenkreuz sowie mit dem Aufdruck „Landesgalerie Salzburg". Dies wurde ihm am 10. Februar 1943 mit Hinweis auf eine Verordnung verboten.[31] Vor und nach diesem Verbot korrespondierte Welz mit der Staatlichen Gemäldegalerie Dresden. Die Briefe belegen, dass Welz weiterhin den Stempel benutzte, der jenem der Dresdner Staatsgalerie gleicht, die den Sonderauftrag Linz ausführte. In diesem Geschäft wollte der Privatgalerist Welz mitmischen: mit dem verbotenen Stempel des Beauftragten für die Landesgalerie, um noch größere Aufträge zu verbuchen.[32] Als sein Kunsthandel im Frühjahr 1943 stillgelegt werden musste, wurde Welz mitgeteilt, dass dieser Bescheid seine Tätigkeit für die Landesgalerie Salzburg nicht berühre.[33]

Welz – in seiner Doppelfunktion als Verkäufer und Leiter der Landesgalerie – wurde des Betruges verdächtigt: von Nazifunktionären, vom Gaukämmerer Robert Lippert im Speziellen. Ihrem Betrugsverdacht lag die undurchsichtige Verquickung von privaten und öffentlichen Geschäften zugrunde. Doch der Vorwurf des Gaukämmerers, Welz habe Geschäfte und Gewinne zu seinen Gunsten verschleiert, wollte erst bewiesen sein. Die Betriebsprüfung des Finanzamtes scheiterte offensichtlich an den chaotischen Verhältnissen in der Buchführung: Transaktionen seien teils mit und teils ohne Buchungen in Geschäftsbüchern durchgeführt worden, anders formuliert: Stornierungen, Um- und Ausbuchungen oder überhaupt keine Buchungen. Über die vielen Unklarheiten und strittigen Fragen der Buchhaltung habe „Herr Welz aus der Erinnerung heraus keine restlose Aufklärung mehr geben" können. Deshalb holten die misstrauisch gewordenen Machthaber einen Experten aus München.[34]

Erich Bühler, Fachmann für Kunsthandel, schließt seinen vierzigseitigen Bericht vom 8. Oktober 1943 über die Prüfung der Galerie Welz mit den beruhigenden Worten, „dass sich uns in keinem der beanstandeten Fälle der Verdacht als begründet erwies".[35] Weiters behauptet Bühler, dass die mangelnden Aufzeichnungen teils auf Unkenntnis der steuerlichen Vorschriften, teils auf mangelnder Kenntnis der Buchführung beruht hätten. Im Ganzen kann man sich des Eindrucks nicht erwehren, dass Bühlers Gutachten auf Glauben und Suggestion beruht: *„Herr Welz hat schon vom ersten Tag an, wie er glaubhaft versichert, in dem ihm vom Gauleiter übertragenen Amt zur Einrichtung und Leitung der Landes-Galerie eine von ihm mit Begeisterung aufgenommene Lebensaufgabe erblickt, bei deren Erfüllung er, wie wir selbst festzustellen Gelegenheit hatten, seine geschäftlichen Interessen völlig zurücktreten ließ."*[36]

Welz hatte den Auftrag, ein Inventar der Landesgalerie anzulegen, einfach verschleppt. Denn Bühler konnte nur verschiedene Listen prüfen: eine sogenannte ursprüngliche und zwei weitere, je eine für Einrichtungen und für Gemälde, auch Inventar E bzw. G genannt. Französischer Herkunft waren die Einrichtungen, Mobiliar und Gobelins, in den Schlössern Kleßheim und Leopoldskron (enteigneter Besitz Max Reinhardts), in der Residenz und in der Villa Warsberg (Amts- und Wohnsitz des Gauleiters) sowie in den Geschäfts- und Privaträumen von Welz. Letzteres begründete der Betriebsprüfer mit der räumlichen Identität der Landesgalerie, der Galerie Welz und des Privatmannes Welz. Auch bezüglich der Gemälde war Bühler mit dem Problem konfrontiert, das aus der Identität von Verkäufer und Käufer, Händler und Leiter der Landesgalerie resultiert. Welz hat für die Landesgalerie Gemälde erworben, die nur zum Teil inventarisiert waren. Den Mangel rechtfertigt Bühler mit dem verwirrenden Nebensatz, dass die Inventare sich nur auf die aus den besetzten Gebieten angekauften Gegenstände beschränken. Diese Bemerkung bezieht sich vermutlich auf die sogenannten Einrichtungen sowie auf die Kunstwerke französischer Herkunft, die zum Datum 8. Dezember 1942 inventarisiert sind. Bühler erwähnt aber mit keiner Silbe die Bilder österreichischer Herkunft, die laut vorliegender Abschrift des Inventars der Landesgalerie schon im Frühjahr 1943 eingetragen worden sind. Sind die Daten der Inventarisierung am Ende fingiert, manipuliert?

Das eigentliche Inventar der Landesgalerie, von dem nach 1945 Abschriften gemacht wurden, stand dem Prüfer im Jahr 1943 gar nicht zur Verfügung – so hat Welz noch alle Varianten der Manipulation unbemerkt durchspielen können. Für die Provenienzforschung sind daher nur die Vorläufer-Listen von Bedeutung: das sind jene Listen, auf denen die Erwerbungen der Galerie Welz vermerkt sind. Und auf diese Erwerbungen – sie sind vornehmlich österreichischer Herkunft – konzentriert sich die Prüfung Bühlers. Er verteilt die Kunstwerke auf fünf verschiedene Listen, wobei die Verwirrung um einiges gesteigert wird: „Die in der nachträglich aufgestellten Inventarliste G fehlenden Nummern sind lt. ursprünglicher Liste die folgenden: „I. Neu aufgestelltes Gemälde-Inventar zum 31.12. 1942" und „II. Irrtümlich in das Inventar 31. 12. 1942 nicht aufgenommene aus Geschäftsmitteln erworbene Stücke", „III. Aus Privatmitteln erworbene Objekte", „Liste der im Juli – August 1943 in der Landesgalerie ausgestellten Bilder". Nach diesen Listen hat Welz die meisten Bilder in den Jahren 1938 bis 1942 angeschafft. Bühler registriert Künstler und Bildtitel, teils Herkunft und Jahr der Erwerbung, Journal-Nummern oder sonstige Angaben, den Wert der Anschaffung und den Schätzwert im Jahr 1943 sowie den Aufbewahrungsort.

Bedeutsam sind vor allem die Vermerke über die Herkunft der Bilder, teils bekannte oder nicht zu identifizierende Vorbesitzer und Verkäufer, teils „arisierte" Kunsthandlungen und Sammlungen überwiegend aus Wien (Auswahl): Lea Jaray, Heinrich Rieger, Otto Nirenstein-Kallir, Maler F. A. Harta, Guido von Turba (Döbling), Regine Asenbaum, Reinhold Entzmann, Kalisch (?), Max Mandl (Mandl-Waldenau oder Maldenau), Rose Reinhart, Stiasny (Nora und Paul Stiasny oder Rudolf Stiasny?), Steiner Glg. (Jenny und Robert Steiner? Glg.=Gauleitung), Rob-Verlag (?), Antiquariat Singerstraße (Josef Wachtel), Valentin Theuermann, Bruno Grimschitz, Neue Galerie (Nirenstein, dann Vita Künstler), Galerie St. Lucas, H. W. Lange, Österreichische Galerie, Dorotheum, Galerie Gurlitt (Berlin), Galerie Hinrichsen (Berlin), J. Jakobs (Mannheim), Albert Loevenich (Köln), Vömel (Düsseldorf), Koeberlin (Prien), Galerie Brüschwiler (München) und Palais Sztucki (Warschau).

Aus diesem verwirrenden Konvolut sollen einige wenige Kunstwerke gezogen werden, deren Herkunft – Jaray, Nirenstein und Rieger – gesichert ist. In der Klammer werden die Inventar-Nummern der Landesgalerie hinzugefügt, um deutlich zu machen, dass trotz der Betriebsprüfung nur ein Teil, und zwar zum Datum 14. April 1944, inventarisiert worden ist. Außerdem werden – falls vorhanden – die Werte in Reichsmark (RM) zitiert: sowohl der Wert der Anschaffung nach dem Anschluss als auch der aktuelle Wert im Kriegsjahr 1943. Bei einigen Bildern, die Heinrich Rieger im Wiener Künstlerhaus 1935 ausgestellt hatte, sind die damaligen Versicherungswerte bekannt: in österreichischer Währung – Vergleiche sind nach der 1938 diktierten Relation möglich: 1 RM = 1, 5 ÖS. Auf diese Weise können an wenigen Beispielen sowohl der Preissturz im Jahr 1938, der aus den Zwangsverkäufen resultiert, als auch der kriegswirtschaftlich bedingte Preisanstieg – die Arisierungs- und Kriegsgewinne – veranschaulicht werden.

Lea Jaray, Wien:
Schiele, *Wally von Krumau*, 1939 RM 200, 1943 RM 2.000 (Nr. 573)
Otto Nirenstein (Kallir), Wien:
Faistauer, *Landschaft bei Maishofen*, 1938 RM 500, 1943 RM 3.000 (Nr. 561)
Heinrich Rieger, Wien:
Schiele, *Umarmung oder Liebespaar*, 1935 ÖS 8.000, 1939 RM 850
Schiele, *Kardinal und Nonne*, 1935 ÖS 5.000, 1939 RM 450
Faistauer, *Pariserin*, 1939 RM 250
Faistauer, *Portät der ersten Frau*, 1939 RM 200
Faistauer, *Waldinneres*, 1939 RM 150, 1943 RM 2.000 (Nr. 574)
Dobrowsky, *Armen im Geiste*, 1935 ÖS 2.000, 1939 RM 130

Dobrowsky, *Mädchen mit Krug*, 1939 RM 80 (Nr. 575)
Huber, *Winterlandschaft*, 1935 ÖS 500, 1939 RM 80, 1943 RM 1.200 (Nr. 576)
Kolig, *Sehnsucht*, 1935 ÖS 2.000, 1939 RM 600
Pauser, *Mädchen mit Tulpe*, 1935 ÖS 1.000, 1939 RM 250, 1943 RM 1.500 (Nr. 577)

Bühler freilich erklärt sich die niedrigen Preise nach dem Anschluss nicht aus der Zwangslage der Juden, sondern begründet bloß den Preisanstieg, und zwar aus den Sonderverhältnissen des Kunstmarktes im Krieg: Geldüberhang und Flucht in markenfreie Werte ohne Preisregelung. Im Übrigen sind die Journal-Angaben von Welz keinesfalls Fakturen, die zur Gänze geprüft werden konnten. Skepsis ist bei allen Buchungen und Eintragungen angebracht. Bühlers Liste der „aus Privatmitteln erworbenen Objekte" hat in der Rubrik „Beleg" entweder Lücken oder den Vermerk „o. B."; dazu einige Beispiele (in der Klammer die Nummer der Landesgalerie, falls die Bilder 1944 inventarisiert worden sind):

Rudolf von Alt, *Apfelbäume in Goisern*, 1941 RM 8.000, o. B. (Nr. 549)
Faistauer, *Hochzeitsrosen*, 1939, RM 70, o. B. (Nr. 580)
Faistauer, *Atelierausblick*, 1939, RM 100, o. B.
J. E. Schindler, *Gemüsegarten in Goisern*, 1942 RM 2.000
Richter, 6 Radierungen von Salzburg, 1942, RM 200, o. B. (Nr. 512-517)

Buchungen „ohne Beleg" waren für den Kunsthändler wie für den Experten des Kunsthandels offensichtlich nicht der Rede wert. Es ist mühsam, die Eigentümer ohne Provenienz- und Beleg-Vermerke zu eruieren. Doch selbst der Kriegsbesitzer ist keinesfalls klar zu identifizieren: War es Friedrich Welz oder die von ihm geleitete Landesgalerie und somit der Reichsgau Salzburg? Folgt man Bühlers Expertise, dann befanden sich die 1943 aufgelisteten Bilder überwiegend im Depot der Landesgalerie und in den Präsentationsräumen des Gauleiters, einige im Wiener Geschäft und in der Privatwohnung Welz; etliche hingen in der ersten Ausstellung der Landesgalerie. Wären die Bilder eindeutig Kriegsbesitz von Friedrich Welz gewesen, hätte es keinen Grund für den Betrugsverdacht und die aufwendige Betriebsprüfung gegeben. Da diese aber von der Gauleitung angeordnet worden war, sind die Besitzverhältnisse anders oder zumindest komplizierter gewesen. Bühler jedenfalls ordnet die nicht inventarisierten Bilder der Landesgalerie zu. Da Bühler seinen Bericht am 8. Oktober 1943 fertigstellte, hatte er nicht die verschleppte und lückenhafte Inventarisierung vom 14. April 1944 zu rechtfertigen.

Bühler hat in jeder Hinsicht den Betrugsverdacht negiert und auch keinen Bruch des bürgerlichen Rechts angedeutet, und das, obwohl er einiges mehr wusste, als er zuzugeben bereit war. Er konstatiert schlicht, dass die Bilder durchwegs über das Wiener Geschäft angeschafft worden seien, weiters, dass bei der Übernahme des Wiener Geschäftes kein schriftlicher Vertrag geschlossen worden sei – an seiner Stelle lediglich ein Gedächtnisprotokoll, das Welz zur Verfügung des Finanzamtes halte.[37] Bühler verschwendet jedoch keinen Blick auf den Wiener Kunstmarkt, der sich dramatisch verändert hatte. Die Vertreibung oder Ermordung jüdischer Sammler und Galeristen, speziell die „Arisierung" der renommierten Galerie Würthle in Wien I, Weihburggasse 9, machten den Salzburger Friedrich Welz zu einer potenten Figur auf dem Kriegsmarkt.

Inventar der Kunstwäsche

Der Kriegsbesitz der Salzburger Landesgalerie wurde inventarisiert – im Inventar der Landesgalerie, das vermutlich erst im Frühjahr 1944 Gestalt angenommen hat: Kunstwerke französischen Ursprungs haben die Nummern 106 bis 448 – „erhalten" am 8. Dezember 1942. Die übrigen Kunstwerke haben die Nummern 449 bis 617, beginnend mit Anton Dolls Ernte in Maxglan – „erhalten" am 15. März 1943. Die letzten Eintragungen sind vom 15. September 1944: Werke von Fritz Klimsch, Josef Thorak, Schuster-Winklhof und Otto Geigenberger, sämtlich Prunkstücke der Propaganda-Schau „Deutsche Künstler und die SS" und somit teure Gelegenheitskäufe, abseits der Programm-Linie von Friedrich Welz.[38]

Auf das Inventar der Landesgalerie bezogen stimmt die Aussage des Betriebsprüfers nicht, die Werke seien durchwegs über das Wiener Geschäft angeschafft worden. Faistauers *Richard Mayr als Ochs von Lerchenau* (Nr. 550) und Hans Makarts *Bildnis seiner ersten Frau Amalie* (Nr. 479) waren vor dem Anschluss Eigentum des Landes Salzburg (Bestand Festspielhaus bzw. alte Residenzgalerie). Weitere Eigentümer sind anhand der mickrigen Vermerke im Inventar schwer zu eruieren: *Sieben Gegenden von Salzburg und Berchtesgaden* (Nr. 468 bis 476), das sind Lithographien von Ferdinand Olivier, dem gefeierten künstlerischen Entdecker Salzburgs; sie scheinen schon früher im Besitz des städtischen Museums gewesen zu sein, laut Inventar: verliehen an die NSDAP-Gauverwaltung, vormals Schloss Hohenwerfen. Aus Altbeständen sind vermutlich noch andere Bilder, die laut Vermerk „vormals" diverse Amtsräume geschmückt haben – sogenannte Ausstattungsbilder.

Auch die Galerie Welz scheint – laut Betriebsprüfung – einige Werke vor dem Anschluss erworben zu haben: Richard Gerstls *Landschaft bei Wien* (Nr. 578) und *König Saul und die Hexe von Endor* in der Art des Magnasco (Nr. 557) – beide von Otto Nirenstein oder der Neuen Galerie. Ungeklärt sind die Erwerbsdaten der Bilder, die in der Betriebsprüfung nicht auftauchen: Johann Baptist Reiters *Der junge Postillion* (Nr. 563) und Gustav Klimts *Am Attersee* (Nr. 588). Letzteres ist laut Werkkatalog identisch mit *Unterach am Attersee*, signiert 1915, Öl auf Leinwand, 111 x 111, vormals Sammlung Viktor Zuckerkandl.[39] Der Kunstsalon Welz hat erstmals im Jahr 1935 Klimt, Gerstl und Schiele gezeigt; zu fragen bleibt, wie Welz zu einem Klimt aus der Sammlung Zuckerkandl gekommen ist.

Der überwiegende Teil der ca. 170 inventarisierten Kunstwerke war vor dem Anschluss nicht im Besitz Salzburger Museen oder der Galerie Welz. Der Vermerk „R. St." (das heißt Reichsstatthalter), Hinweise auf die Galerie Welz als Zwischenhändler, auf Fakturen und das Jahr der Erwerbung – überwiegend verstümmelte Angaben – stehen bei etlichen Kunstwerken, die zum Datum 15. März 1943 eingetragen sind: zum Beispiel Anton Dolls Ölbild *Ernte in Maxglan* (Nr. 449), mit Vermerk „R. St.", Faktura Nr. 5001, September 1939, Wert RM 280, Vorbesitzer und Verkäufer sind nicht registriert; oder: Rudolf Alts Aquarell *Blick auf Salzburg vom Stein* (Nr. 455), mit Inventar-Vermerk „R. St.", ohne Faktura, gekauft von Gauleiter Rainer in der Neuen Galerie, Wert RM 5.000, in der Landesgalerie 1943 ausgestellt, darauf nach St. Gilgen verlagert. Unbekannt ist der Vorbesitzer des teuren Bildes, das Welz vermutlich in der Wiener Galerie von Vita Künstler erworben und dann in seiner „arisierten" Villa in St. Gilgen eingelagert hat. Sein Standort ist nach dem Krieg, wie bei vielen Bildern: „unbekannt".

Manche Adressen und Verkäufer, die im Inventar und in der Betriebsprüfung angeführt sind, können nicht auf Anhieb identifiziert werden: zum Beispiel Baroness Hessler von Kestenach in Altaussee (Nr. 484 *Himmelfahrt Mariens* von Maulbertsch), Albert Loevenich in Köln (Nr. 522 *Pest in Florenz* von Makart) und Palais Sztucki in Warschau (Nr. 584 *Antwerpen mit St. Jakobskirche* von einem unbekannten Maler).

Unverdächtig scheinen die Kriegserwerbungen mit dem Vermerk „erworben vom Maler" zu sein: Werke von Robin Christian Andersen, Herbert Boeckl, Trude Diener, Vilma Eckl, Max Florian, Hans Fronius, Wilhelm Kaufmann, Anton Kolig, Oskar Laske, Paul Matthias Padua, Anton Steinhart und Franz von Zülow. An einem Beispiel zeigt sich jedoch, dass der Vermerk „erworben vom Maler" den Leser in die Irre leitet: Wer hat Andersens Aquarell *Stillleben mit Weintrauben* (Nr. 597) vom Maler gekauft – Friedrich Welz oder der Wiener Arzt Heinrich Rieger? Denn jüdische Vorbesitzer wie Lea Jaray, Otto Nirenstein und Heinrich Rieger verschweigt das Inventar. Sie sind allerdings, wenn auch lückenhaft, in der Betriebsprüfung aufgelistet. Diese nennt noch andere Vorbesitzer billig erworbener Kunstwerke: zum Beispiel Halauschkas *Bad Ischl* (Nr. 567), ein Bild, das angeblich für RM 45 in Wien bei „Stiasny" gekauft wurde – ist das Nora oder Paul Stiasny aus der Verwandtschaft Zuckerkandl oder Rudolf Stiasny (KZ Theresienstadt)? Doch auch dem Betriebsprüfer scheinen die Vorbesitzer nicht in jedem Fall bekannt gewesen zu sein; bei Faistauers *Hochzeitsrosen* (Nr. 580) steht lediglich: „1939 RM 70, o. B.". Dieses Bild wurde laut Inventar von der Galerie Welz für die Landesgalerie erworben – „ursprünglicher Wert" RM 1.000. Eigentümer des Bildes, dessen „ursprünglicher Wert" um das Vierzehnfache höher liegt als der Kaufpreis, war Heinrich Rieger.

Zweifelsohne hat der Galerist Welz als Leiter der Landesgalerie Kunstwäsche betrieben – eine Prozedur, die noch komplizierter und undurchsichtiger wird, wenn ein weiterer Händler oder Auktionator dazwischen geschaltet ist. Zu dieser Kategorie von Akteuren, die Kunst „arisiert" oder „feindliches" Vermögen versteigert oder verkauft haben, überdies in Hitlers Sonderauftrag „Linz" verwickelt waren, gehören die Galerie St. Lucas (Wien), Wolfgang Gurlitt (Berlin und Bad Aussee, „arisierte" Villa Neiber), Galerie Hinrichsen (Berlin und Altaussee, „arisierte" Villa Wassermann), das Auktionshaus H. W. Lange (Berlin und Wien), die Galerie Brüschwiler (München), die Galerie Christian Nebehay (Wien), das Dorotheum (Wien) und Kajetan Mühlmann (Dienststelle in Krakau und Den Haag). Ihre Adressen verdecken die Herkunft, die Vorbesitzer und Eigentümer von Kunstwerken; dazu folgende Beispiele (in der Klammer die Inventar-Nummer der Landesgalerie, andernfalls weiterhin Welz als Besitzer):

Josef Feid, *Traunsee mit Schloss Orth*, Galerie St. Lucas (Nr. 551)

Johann Fischbach, acht *Trachtenstudien*, Wolfgang Gurlitt (Nr. 600-607)

Lovis Corinth, *Frauenporträt*, Gurlitt

J. M. Rottmayr, *Beweinung Christi*, Hinrichsen (Nr. 481)

Waldmüller, *Kirche in Hallstatt*, Hinrichsen

Art des Brouwer, *Zecher*, H. W. Lange

F. X. Mandl, *Salzburg*, Brüschwiler (Nr. 523)

J. A. D. Ingres, *Frauenkopf*, Brüschwiler

Herbert Boeckl, Stillleben, Nebehay (Nr. 598)
Faistauer, *Schloss Saalhof in Maishofen*, Dorotheum (Nr. 599)
Cuyp, *Vertreibung der Geldwechsler*, Dorotheum
Carl Spitzweg, *Festung Hohensalzburg*, Mühlmann (Nr. 482)
Hubert Sattler, *Dreifaltigkeitsgasse in Salzburg*, Mühlmann (Nr. 483)

Max Slevogt, *Herrenbildnis*, signiert datiert 31 (Nr. 524): der anonyme Herr ist der Schriftsteller Jakob Wassermann; er und dessen Frau Marta Karlweis hatten ihr Domizil in Altausse: die Villa Wassermann, die sich der Berliner Galerist Hinrichsen einverleibte.

Anton Faistauer, *Landschaft mit Hohem Göll* (Nr. 548): das ist eines der vielen völlig im Dunkeln liegenden Beispiele für die Kunstwäsche des Zwischenhändlers und Leiters der Landesgalerie Friedrich Welz. Damit wird aber eines klar: Solange die „ursprünglichen" Listen, die Journale und sonstigen Belege von Welz nicht auf dem Tisch liegen, tappt die Provenienzforschung im Dunkeln – mit dem Inventar der Landesgalerie ist ihr dabei nicht gedient.

Ein Kunsthändler oder ein Museum konnte auf mehrfache Weise zu jüdischem Vermögen kommen. Ein Jude musste größere Vermögen bei der „Devisenstelle" anmelden, zugleich „Reichsfluchtsteuer" und „Judenvermögensabgabe" – je 25% des Vermögens – zahlen. Falls er die oktroyierten „Steuerschulden" nicht bezahlen konnte, wurde das „feindliche" Vermögen inklusive vorhandener Kunstsammlungen beschlagnahmt. Die geraubten Kunstschätze wurden von Museumsbeamten oder Kunsthändlern geschätzt und dann in Museen überführt oder versteigert. Die Kosten musste der beraubte Eigentümer tragen. Um die verfolgten Juden daran zu hindern, ihre Sammlungen selbst zu versteigern, musste nach der „Tarnverordnung" vom 22. April 1938 jüdisches Vermögen markiert werden. An der Versteigerung durften sich nur „arische" Händler und Auktionatoren beteiligen. Auch der Kunsthandel war nur den „arischen" Mitgliedern der Reichskulturkammer gestattet.[40] Um sich „national wertvolle Kunstwerke" anzueignen, waren den neuen Herren sogar alte österreichische Gesetze betreffend Denkmalschutz und Ausfuhrverbot willkommen; desgleichen der „Führervorbehalt", der den Abgang ins „Altreich" verhindern sollte. Das Raubgut aus den Häusern Rothschild, Gutmann und Bondy sollte vornehmlich auf das „Führer-Museum", der Rest als „Führer-Spende" auf österreichische Staats- und Landesmuseen verteilt werden.[41]

Wollte ein Jude dem Raub zuvorkommen und seine Flucht finanzieren, blieb ihm nur die Möglichkeit, seine Kunstwerke zu einem niedrigen Preis anzubieten. Zudem hatte er, um nicht denunziert zu werden, den von einem Händler diktierten Ramschpreis zu akzeptieren. Behauptet später ein „arischer" Sammler, er habe nach dem Anschluss einen marktüblichen Preis und ordnungsgemäß mit Faktura bezahlt, lügt er zweifellos, und er rechtfertigt obendrein das Zwangssystem, den daraus gezogenen Profit über das Jahr 1945 hinaus. Denn 1938 bewirkte das aus Zwangsverkäufen resultierende Überangebot an Kunstschätzen einen drastischen Preisverfall, freilich nur zugunsten des „arischen" Sammlers. Zudem waren jüdische Konkurrenten ausgegrenzt. Ein weiteres Mal profitierte der „arische" Sammler während des Krieges: Infolge der Verknappung an Waren und der Flucht in Sachwerte stiegen die nicht regulierten Kunstpreise inflationär.

Wenn, nach all dem, ein „arischer" Sammler behauptet, einem Juden moderne, sogar „entartete" Kunst abgekauft zu haben, weil sie keinen Markt gehabt hätte und unverkäuflich gewesen wäre, will er sich bloß zum hilfsbereiten Altruisten stilisieren. Denn wäre nach dem Anschluss die gesamte Moderne verfolgt, vernichtet oder im Ausland versteigert worden, hätte im Handel kein Toulouse-Lautrec und Renoir, kein Klimt und Schiele, kein Corinth und Kokoschka angeboten oder gekauft werden können. „Arische" Sammler haben alles an sich gerissen, alte wie moderne Meister, Franzosen, Holländer und Flamen, insbesondere Österreicher des 19. Jahrhunderts und Wiener Moderne. Was einst zur Ausstattung großbürgerlicher und liberaler Häuser zählte, das glänzte in „arischen" Museen und Galerien, falls es nicht in dunkle Kanäle verschwunden ist.[42]

Die Spuren der Profiteure aufzudecken ist mühsam: Beweismittel werden unterdrückt und finden sich nur sporadisch und lückenhaft in der geschilderten Betriebsprüfung der Galerie Welz. Die vertriebene Eigentümerin des „Wiener Geschäfts" taucht lediglich in der Liste von Kunstwerken auf, die Welz aus Geschäftsmitteln erworben haben will: „Egon Schiele Vally v. Krum, erw. Lea Jaray, Wien lt. Br v. 24. 3. 39 [RM] 200,-". *Wally von Krumau* übernimmt die Salzburger Landesgalerie mit retuschierter Provenienz und Rechnung: Inventar-Nr. 573, eingetragen am 14. April 1944, erworben mit Faktura-Nr. 317. Hinter dem so vermittelten Bild eines Rechtsgeschäftes steckt nichts anderes als ein raffinierter Deal.

Täuscher Grimschitz und Welz

Mit 1. Juni 1944 wurden alle Kunstsammlungen des Reichsgaues Salzburg (des Stiftes St. Peter, der Residenzgalerie, der Landesgalerie, des Museums Carolino Augusteum) im „Zweckverband Salzburger Museum" gebündelt. Zu dessen Leiter wurde Bruno Grimschitz bestellt, der seit dem Anschluss Wiener Führungsämter kumulierte: Leiter der Österreichischen Galerie (der Modernen Galerie und Galerie des 19. Jahrhunderts), der Gemäldegalerie im Kunsthistorischen Museum und des Prinz Eugen-Museums, überdies Professor für Kunstgeschichte und Museumskunde. Gegen Ende des Krieges war Grimschitz also zusätzlich noch Leiter des Salzburger „Gaumuseums" mit Sitz in Salzburg, Kapitelplatz 9. Das war die Adresse der Salzburger Landesgalerie, die als Abteilung Gemäldegalerie bis Kriegsende geführt wurde. Der Abteilungsleiter hieß laut einem Dokument vom 7. Juli 1944 Friedrich Welz.[43]

Vermutlich hat Welz solange antichambriert, bis Grimschitz – und nicht irgendein Salzburger Nazifunktionär – Museumsdirektor wird. Denn Welz wollte seine einst unter Gauleiter Rainer ausgeübte Machtposition wieder haben. Grimschitz und Welz waren gute Freunde und Handelspartner. Wegen der Salzburger Beziehungen und Funktionen wurde nach der Befreiung auch gegen Grimschitz ermittelt. Am 6. Februar 1948 verfasst die Polizeidirektion Wien eine „Meldung" über ihn: „Während seiner Tätigkeit als Direktor der österr. Galerie machte er verschiedene wissenschaftliche Reisen nach Deutschland, Ungarn, Schweiz, Italien, Frankreich und Griechenland. Im Jahre 1941 reiste Univ. Prof. Dr. Bruno Grimschitz, zwecks Teilnahme an der Kunstauktion ‚Lange' und Verhandlungen mit der National-Galerie wegen Leihgaben und über den Ankauf von Kunstwerken und Auswahl französischer Meister aus der Galerie Welz, nach Berlin, München und Salzburg."[44]

Die vertrackte „Meldung" spart Zusammenhänge und Hintergründe aus, gibt keine konkreten Hinweise über die Verbindung zwischen Grimschitz, Welz und der Kunstauktion „Lange" sowie über den Verkauf französischer Kunstwerke aus der Galerie Welz (Landesgalerie). Das „arisierte" Berliner Auktionshaus H. W. Lange, das jüdische Kunstsammlungen plünderte, verlegte im Bombenkrieg seine Auktionen nach Wien. Die zitierte Betriebsprüfung nennt einmal die Herkunft „Lange, Wien". Laut Inventar wurden im Laufe des Krieges nach Berlin, Wien und in andere Orte 78 inventarisierte Werke französischer Herkunft verkauft, teils verschoben – in Summe 579.000 Reichsmark (Preise sind nur für 75 Werke registriert). Darüber hinaus wurden 53 Werke der Landesgalerie „getauscht". Auch dabei hatte Grimschitz als Händler und Schätzmeister seine Hand im Spiel.

Welz und Grimschitz haben einen untergründigen Handel geschlossen, der auf dem Papier als Tauschvorschlag tituliert ist: „Die in dem Tauschvorschlage genannten vierzehn Punkte finde ich ohne Vorbehalte annehmbar und für den Reichsgau Salzburg im Hinblick auf den Neuaufbau der Landesgalerie äußerst vorteilhaft. Dr. B. Grimschitz, 30. März 1944".[45] Das überlieferte Papier hat 15 Positionen mit 53 Tauschobjekten: 15 Werke französischer Herkunft und 38 Werke österreichischer Herkunft, von Nirenstein, Jaray, Rieger und anderen. Die 15 Franzosen, die Welz von der Landesgalerie in seinen Geschäftsbereich transferierte, waren inventarisiert. Die 38 Österreicher, die Welz der Landesgalerie übergeben haben soll, befanden sich überwiegend im Depot der Landesgalerie und in Präsentationsräumen. Diese Tauschobjekte wurden laut Inventar erst am 14. April 1944 eingetragen; sie haben auf dem mit 30. März 1944 datierten – offensichtlich rückdatierten – Tauschvorschlag bereits die Inventar-Nummern 551 bis 588. Gemäß Bühlers Expertise war die Landesgalerie schon 1943 Besitzer der Bilder. Grimschitz und Welz tauschten anscheinend Bilder der Landesgalerie gegen Bilder der Landesgalerie.

Bemerkenswert ist dabei die Manipulation der Inventar- und Fakturen-Nummern. Die 53 Tauschobjekte haben im Inventar Vermerke, die beispielsweise so aussehen: bei Inventar-Nr. 317, das ist Courbets *Le Ruisseau du Puits Noir*, erworben 1940 in Paris, steht „ausgetauscht f. Fakt. Nrn. 573, 574, 575, 576, 577, 578, 579, 580 (April 44)"; zum Beispiel Faktura-Nr. 573, das ist die Inventar-Nr. 573 des anderen Tauschobjekts: Schieles *Wally von Krumau*, „erworben mit F. Nr. 317", und das ist wiederum die Inventar-Nummer des Courbet-Gemäldes. Auf diese Weise setzt sich der Nummern-Dreh fort, der die Herkunft der österreichischen Bilder verdeckt.

Herausgegriffen sei die Tauschposition 13 (Nr. 317 gegen Nr. 573 bis 580): Gustave Courbets *Le Ruisseau du Puits Noir* hat laut Tauschvorschlag (1944) einen Anschaffungspreis von RM 9.000, laut Inventar im Jahr 1940 einen ursprünglichen Wert von RM 10.000. Dieser wurde trotz steigender Marktpreise 1944 reduziert. Außerdem sind die Schätzwerte für den signierten Courbet im Tauschvorschlag nicht vermerkt (RM 50.0000/40.000). Grimschitz und Welz tauschten einen abgewerteten Franzosen gegen acht aufgewertete Österreicher, darunter Ölbilder von Schiele, Faistauer, Dobrowsky, Huber und Pauser, deren Herkunft (Jaray, Nirenstein, Rieger) und Werte im Tauschvorschlag gänzlich verheimlicht werden. Laut Betriebsprüfung beläuft sich die Summe der Werte der acht Österreicher auf RM 1.280. Nach diesen Werten gerechnet erzielte Welz, der einen Franzosen gegen acht Österreicher tauschte, einen Profit von RM 8.720, nach Marktpreisen wesentlich mehr.

Ein Blick auf die Position 14 des Tauschhandels (Nr. 369 gegen Nr. 581 bis 587): Laut Tauschvorschlag (1944) beträgt der Anschaffungspreis für Camille Corots *Landschaft mit rastendem Wanderer* RM 6.875. Laut Inventar ist der ursprüngliche Wert im Jahr 1941 aber nur RM 3.292. Der Franzose wurde 1944 merkwürdigerweise aufgewertet, liegt dennoch deutlich unter den drei Schätzwerten, die verschwiegen werden (RM 50.000 / 30.000 / 20.000). Sichtbar ist also im Tauschvorschlag nur der nach oben gedrehte Anschaffungspreis. Dieser ist identisch mit der Summe der im Inventar eingetragenen Werte für die sieben Tauschobjekte österreichischer Herkunft: RM 6.875. Diese „Eingangswerte" sind erfunden, denn im Bericht Bühlers beläuft sich die Summe auf RM 980. Demnach wäre der Gesamtwert der sieben Österreicher, die Welz und Grimschitz bloß im Depot der Landesgalerie umzudrehen brauchten, um das Siebenfache gestiegen, der Wert des Franzosen, den Grimschitz in die befreundete Händlerhand drückte, lediglich um das Zweifache. Welz und Grimschitz verdrehten unterschiedliche Wertsteigerungen; sie ignorierten auf dem Papier Schätzwerte und Marktpreise.

Ein weiteres Beispiel: Francisco de Goyas zugeschriebene *Dorfhochzeit* (Nr. 313) kostete laut Inventar RM 7.500, wurde getauscht gegen Faktura-Nr. 551. Das Tauschobjekt, das Welz für den Goya hergab, hat die Inventar-Nr. 551: Josef Feids *Traunsee mit Schloss Orth*, ursprünglicher Wert RM 7.500. Dieser Wert ist ebenso erfunden, denn er liegt um RM 5.500 höher als sein Anschaffungswert, der laut Betriebsprüfung RM 2.000 ist. Für dieses Bild ist – wie für alle Bilder österreichischer Herkunft – kein Schätzwert vorhanden, wohl aber für Goyas *Dorfhochzeit*: RM 12.000 (im Tauschvorschlag wohlweislich nicht vermerkt). Wurde ein Bild vom Betriebsprüfer nicht registriert, rückt es völlig ins Dunkel der Täuschung. Inventar-Nr. 588, Gustav Klimts *Unterach am Attersee*, hat die Faktura-Nr. 323. Das ist die Inventar-Nr. 323 des Tauschobjektes mit Faktura-Nr. 588: Jongkinds *Rotterdamer Hafen*, ursprünglicher Wert RM 1.500. Das Klimt-Bild bekommt erst durch den Nummern-Dreh seinen Wert verpasst: RM 1.500. Dieser fingierte Papier-Wert verdeckt einen Mangel: die Herkunft (im Inventar keine Angabe). Im Inventar hat Jongkinds *Rotterdamer Hafen* fragwürdige Herkunfts- und Faktura-Vermerke: Holzapfel, Paris, Faktura 15. 2. 1940 (vor der Besetzung von Paris ?).

Aufgrund der lückenhaften „Werte" kann keine exakte Rechnung gemacht werden. Denn fünf Werke österreichischer Herkunft haben keinen Anschaffungswert. Errechnet man den Durchschnittswert der übrigen 33, dann erhält man für die 38 Österreicher folgende Summe: etwa 7.000 Reichsmark. Etwa 40.000 Reichsmark ist hingegen – laut Inventar – die Summe der ursprünglichen Werte der 15 Werke französischer Herkunft. Zwischen den Summen klafft somit ein Loch von 33.000 Reichsmark. Doch die errechnete Differenz ist eine Bagatelle im Vergleich zum Profit, der auf dem expandierenden Kriegsmarkt für Franzosen lukriert werden konnte: beispielsweise Nr. 217,

Gustave Courbets *Waldlandschaft mit Rehböcken*, laut Inventar im Jahr 1941 RM 3.500, verkauft im Kriegsjahr 1944 für 40.000 Reichsmark. Diesen Schätzwert zahlte Paul Mathias Padua, ein prominenter Nazimaler, wohnhaft in Tegernsee und St. Wolfgang. Anhand der Schätzwerte lässt sich der potentielle Marktpreis der fünfzehn Tauschobjekte eruieren, die Welz im Kriegsjahr 1944 einsteckte und dann zum Teil versteckt hat: mindestens 150.000 Reichsmark. Zum Vergleich: 36.340 Reichsmark kostete die „arisierte" Villa Steinreich in St. Gilgen, die Welz und sein Kompagnon 1940 gekauft hatten.

Gewiefte Schätzmeister und Händler waren beide, Grimschitz und Welz; sie haben sich gegenseitig nicht betrügen, den Dreh nur unisono durchspielen können. Das heißt, dass Grimschitz gehörig mitgeschnitten haben muss. Mit diesem „Betrug und großen Verschiebungsmanöver", wie Fritz Hoefner, Verwalter der Galerie Welz, in seiner Anzeige vom 26. Juni 1947 den Tauschhandel apostrophiert [46], haben Welz und Grimschitz mehreres erreicht:

1. Bilder gegen Bilder aus öffentlichem Kriegsbesitz mit verdrehten Zahlen zu tauschen und obendrein verschwinden zu lassen;

2. unterschiedliche Werte zugunsten von Welz optisch auf den gleichen Nenner zu bringen, auf dem Papier pari zu suggerieren;

3. Schwätzwerte und Marktpreise zu verheimlichen;

4. verräterische Provenienzen und „Arisierungen" zu vertuschen;

5. die Dummen glauben zu lassen, Kunstwerke seien ordnungsgemäß mit Rechnungsbelegen gekauft und bezahlt worden.

Die inventarisierten Kunstwerke französischer Herkunft stehen in der Betriebsprüfung außer Streit. Bühler, der viel Verständnis für die Geschäfte des Herrn Friedrich Welz zeigt, dokumentiert allerdings bemerkenswerte Überweisungen an die Reichskreditkasse Paris, an Reichsminister Seyss-Inquart (Reichskommissar für die besetzten niederländischen Gebiete) und an den Sonderbeauftragten für die Sicherung der Kunstschätze. Görings „Sonderbeauftragter" war Kajetan Mühlmann, der Leiter der „Dienststelle Dr. Mühlmann".

Dienststelle Gebrüder Mühlmann

In dem wirren Beziehungsknäuel rund um Friedrich Welz stößt man auf Personen, deren politisches Vorleben – wie das auch bei Welz selbst der Fall ist – lange vertuscht worden ist: auch das der Halbbrüder Josef und Kajetan Mühlmann aus Uttendorf im Land Salzburg. Sie hatten sich ehedem als fortschrittlich gesinnte Salzburger Kunsthistoriker geriert: Josef Mühlmann etwa, der die radikale Künstlervereinigung *Der Wassermann* anno 1919 gegen die Angriffe heimischer Traditionalisten bissig verteidigt: Salzburg, die geistig zurückgebliebene Stadt, verdanke ihren Ruf bislang ausschließlich ihren guten Bräustübeln.[47]

Derselbe Josef Mühlmann organisierte nach dem Anschluss Österreichs im Auftrag des Gauleiters die Ausstellung „Salzburgs bildende Kunst, Meisterwerke der Vorgeschichte bis zum 19. Jahrhundert". Diese erfreute sich der Förderung durch das neue Regime Seyss-Inquart und dessen Kulturbeauftragten Kajetan Mühlmann in Wien, wo sie ebenfalls gezeigt wurde. Ihren Schwerpunkt legte Josef Mühlmann auf die christlich-römische Kunst, die er im Vorwort des Kataloges kurzweg der germanisch-großdeutschen Tradition einzuordnen suchte: *„Die Ausstellung verfolgt den Zweck zu zeigen, daß das Land Salzburg Jahrtausende alter Kulturboden ist, daß es seit dem Eintreten der Germanen in die Geschichte stets von diesen bewohnt und betreut wurde und daß es seit der Gründung des Deutschen Reiches einen wichtigen Bestandteil desselben bildet und an seinem kulturellen Wachstum ohne Unterlaß Anteil genommen hat. Wenn Kunst der höchste und unver-*

fälschte Ausdruck der Kultur einer Rasse ist, so haben wir in unserer Schau den unwiderleglichen Beweis hiefür." [48]

Solche Kunstprogrammatik – erinnert sei an die bereits erwähnte, im selben Sommer des Jahres 1938 laufende Ausstellung „Deutsche Malerei in Österreich von Waldmüller bis Faistauer" in der Galerie Welz – galt damals „als grundlegende und richtunggebende". So wurde sie auch von Albert Reitter, dem Kulturbeauftragten des Gauleiters, apostrophiert. In dieser rhetorischen Bewahrung von Kunst – als deren Kehrseite die gewaltsame Demontage der berühmten Faistauer-Fresken im Festspielhaus zu sehen ist – manifestiert sich die gebrochene kulturelle Entwicklung, wie auch darin, dass die neuen Herren den Mangel an eigener Kultur durch Raffen und Horten „feindlichen" Vermögens zu kompensieren suchten. So hat etwa – ein Beispiel von vielen – das Regime die Künstlerin Helene von Taussig, eine Katholikin mit jüdischer Herkunft, aus Anif bei Salzburg vertrieben; sie ist vermutlich auf dem Weg ins KZ gestorben. Deren geraubtes Haus hat dann die erste Ehefrau von Kajetan Mühlmann, die Malerin Poldi Wojtek, bezogen. Von ihr stammt die Illustration zu der Hitler-Biografie „Eine wahre Geschichte", ein Buch für Jugendliche, das vor 1938 in mehreren Auflagen anonym erschienen ist. Dabei hat – wie bei der „Arisierung" in Anif – Kajetan Mühlmann als Vermittler fungiert. Die politischen Beziehungen von Kajetan Mühlmann hat auch das nationalsozialistische Salzburg zu nutzen gewusst, als es aus Beständen des städtischen Museums und des Stiftes St. Peter Kunstwerke an die „Befreier" Hitler und Göring verschenkte.

Nach den ersten Plünderungen von Wiener Häusern – Rothschild, Gutmann, Bondy, Fürst und vielen anderen –, an denen auch Kajetan Mühlmann und sein Halbbruder mitgewirkt hatten, konnte Hitler seinerseits großzügige „Geschenke" offerieren, wovon nun einige österreichische Museen profitierten – auch das Museum der Stadt Salzburg, das im Frühsommer 1942 eine Sonderschau zusammenstellte, nämlich: „Heimatliches Kulturerbe, Neuerwerbungen des Stadtmuseums 1938 bis 1941", einschließlich der „Spende des Führers 1940/41", darunter der „prächtige buntglasierte Kachelofen aus der 2. Hälfte des 16. Jahrhunderts".[49] Das NSDAP-Gaublatt bemerkte damals: *„Den Kern der gegenwärtigen Sonderausstellung im Stadtsaal bildet eine Spende des Führers. Es handelt sich bei diesen Stücken um seinerzeit in jüdische Hände geratenes Kulturgut, das in Wien zur Begleichung von Steuerschulden sichergestellt und auf Anordnung des Führers je nach seiner Herkunft den donau- und alpenländischen Museen zugeteilt wurde."* [50]

Über die Karriere des Kajetan Mühlmann wusste die Gauleitung Wien offenbar kaum Bescheid, als sie anno 1942 eine „politische Beurteilung" abzugeben hatte: *„Gegenwärtiges Verhalten: schwer zu beantworten, da derselbe nur fallweise auf 2 – 3 Tage nach Wien kommt. Spendenbeteiligung: RM 5,-- für Eintopfspende. Wirtschaftliche Lage: Der Mann dürfte über seine Verhätnisse leben, da er sich trotz hoher Einkünfte um eine grössere Anleihe bewirbt. Charakter: leicht aufbrausend, sehr von sich eingenommen. Leumund: nicht gerade der beste."* [51] Besser informiert über Mühlmann war die Gauleitung Salzburg: „Heute ist Genannter Sonderbeauftragter des Reichsmarschalls für die Wahrung von Kunstschätzen in Krakau und Den Haag eingesetzt. Pg. Mühlmann bekleidet in der SS den Dienstrang eines Standartenführers. In politischer Hinsicht liegt nichts Nachteiliges vor."[52]

Doch auch in Salzburg war Kajetan Mühlmann eine suspekte Erscheinung. So berichtete Gauleiter Scheel am 12. November 1942 Martin Bormann, dem Leiter der Parteikanzlei: *"In politischer und charakterlicher Hinsicht genießt der Genannte bei den Salzburger Nationalsozialisten keinen guten Ruf. Er ist allgemein als Makler auf allen Lebensgebieten bekannt. Man ist der Ansicht, daß Mühlmann auch bei dem Sieg einer anderen politischen Richtung eine führende Rolle erhalten hätte. Anerkannt werden seine Fähigkeiten auf dem Gebiete der Kunstwissenschaft, obwohl M. früher ausdrücklich die expressionistische Kunst unterstützte.* ***Mühlmann hat eine besondere Begabung dafür, Kunstschätze aufzustöbern.*** *Nach Ansicht der Salzburger Parteigenossen sollte M. von jeder politischen Tätigkeit ferngehalten werden. Ein Einsatz des M. im Kunstleben unter Berücksichtigung seines besonderen Geltungsbedürfnisses scheint unter den gegebenen Verhältnissen möglich."* [53]

Es waren persönliche Kontakte zu Reichsmarschall Göring in Berlin sowie zu Seyss-Inquart, dem Anschluss-Kanzler in Wien, stellvertretenden Generalgouverneur in Krakau und Reichskommissar in Den Haag, die es dem Salzburger Kunstexperten Kajetan Mühlmann ermöglichten, Karriere zu machen: zunächst als Staatssekretär im Ministerium für Inneres und Kultur, spezialisiert auf „Kunstsicherung", im Klartext: auf Raub; dann – in ebenso einschlägiger Funktion – als Görings „Sonderbeauftragter für die Sicherung der Kunstschätze" in besetzten Ländern mit Hauptquartieren in Krakau und Den Haag, erweitert auf Amsterdam, Brüssel und Paris. Hier trat der „Sonderbeauftragte" als quasi-amtliche „Dienststelle Dr. Mühlmann" in Erscheinung, die Reichskommissar Seyss-Inquart unterstellt war und wo auch Josef Mühlmann, SS-Hauptsturmführer seit 1. August 1940, als Leiter des Pariser Nebenquartiers abwechselnd im Hotel d'Orsey und im Hotel Mayran werkte.[54]

Hand in Hand mit Heinrich Himmlers SS wurden von der effizienten Spezialistentruppe Mühlmanns Kunstschätze „gesichert", wobei es sich um Beschlagnahmungen jüdischer Vermögen handelte, des weiteren um Einkäufe auf den Kunstmärkten der besetzten Länder Holland, Belgien und Frankreich. Das waren vielfach Scheinrechtsgeschäfte, die mit Hilfe der berüchtigten Kollaborateure und Agenten Maurice Lagrand und Rudolf Holzapfel abgewickelt wurden. Zum zahlenden Kundenkreis der „Dienststelle Dr. Mühlmann", die sich durch Profite aus ihren Geschäften finanzierte, gehörten Reichsgrößen wie Hitler, Himmler, Göring, Todt und Schirach. Was deren Fängen entglitt, das vermarkteten oder horteten andere Hehler und Profiteure, Auktionshäuser wie H. W. Lange und das Wiener Dorotheum sowie Museen und Kunsthändler, auch die Galerie Welz und seine Landesgalerie. Die Gewalt- und Expansionspolitik der Jahre 1938 bis 1944 spiegelte sich in den Kriegshorten unterschiedlicher Dimensionen: von Hitlers Sonderauftrag für das „Führer-Museum" bis zu Gauleiter Rainers Auftrag für das „Gästehaus des Führers".[55]

Pariser Einkaufsreisen

Nichts war nach dem „Blitzkrieg" in Frankreich normal: weder der Raub jüdischer Sammlungen von Rothschild, Dreyfus, Rosenberg-Bernstein und anderen, die im Louvre zur Schau gestellt wurden, noch die „Einkaufsreisen" der Händler und Museumsexperten, die nach Paris mit dem Vorsatz gekommen waren, schnell, viel und billig abzuräumen. Seit dem 18. November 1940 hat sich der „Führervorbehalt" auf alle besetzte Gebiete erstreckt – und damit auch auf Frankreich, wo die Bestände des Linzer „Führer-Museums" aus beschlagnahmtem und gekauftem Privatbesitz aufgestockt wurden. Dabei hat etwa der Chefeinkäufer Hans Posse, dem Geschmack und der Doktrin Hitlers entsprechend, sogenannte Alte Meister und Kunst des 19. Jahrhunderts bevorzugt: europäische Hochkunst mit vermeintlichem Ewigkeitswert als Kriegstrophäe für die geliebte Provinzstadt Linz, die statt des verhassten Wien zur europäischen Kulturmetropole gemacht werden sollte. Dass der Größenwahn des Kleinbürgers auf die Vergangenheit fixiert war und die zeitgenössische Kunst ausgegrenzt wurde, verwundert nicht; eher schon, dass auch die „völkische" Auftragskunst ebenso wenig würdig schien, musealisiert zu werden, wie der „entartete" deutsche Expressionismus.[56]

Musealisierte europäische Beutekunst ohne eigenen Stallgeruch – das war das vorgegebene Muster, dem Reichsstatthalter Rainer gefolgt ist, als er am 12. November 1940 Herrn Friedrich Welz einen Auftrag „im Auftrage des Führers" erteilt: *„Herr Friedrich Welz fährt in meinem Auftrage nach Paris, um für Schloß*

Kleßheim, welches im Auftrage des Führers als Gästehaus ausgebaut wird, und für die Diensträume des Reichsstatthalters Einrichtungs- und Kunstgegenstände zu kaufen. Ich bitte alle Dienststellen, Herrn Friedrich Welz bei der Durchführung seines Auftrages nach Möglichkeit zu unterstützen und besonders für den klaglosen Transport der erworbenen Gegenstände Sorge zu tragen." [57]

Welz soll wenige Tage später, am 16. November 1940, aus Paris das Büro des Reichsstatthalters angerufen haben, um mitzuteilen, dass im Louvre beschlagnahmte Kunst aus jüdischem Besitz gespeichert sei. Angeblich heißt es in der Aktennotiz: *„Welz hätte jetzt Gelegenheit, die Gegenstände zu sichten und auszuwählen, die für Klessheim und die Residenz beiseitegelegt werden könnten. Es wäre auf diese Art und Weise möglich, eine ganze Menge Dinge kostenlos zu erhalten."* Dieses Dokument, das Karl Heinz Ritschel in den *Salzburger Nachrichten* vom 2. Juli 1983 zitiert, ist verschollen – wie viele andere Beweismittel auch. An der Glaubwürdigkeit des Dokuments besteht kein Zweifel. Im übrigen bringt es nur die Absicht und das Einverständnis zum Ausdruck, sich kostenlos am Raubgut zu bedienen. Denn weder der erweiterte „Führervorbehalt" noch die Deutsche Botschaft haben einen Zugriff durch Händler und Experten erlaubt, die nicht von höchster Stelle beauftragt waren. Den Großteil der Pariser Beute hat der Einsatzstab Reichsleiter Rosenberg verschleppt. Aus den unvollständigen Listen im Bundesarchiv Koblenz können nicht alle beschlagnahmten Kunstwerke und auch nicht alle Hehler identifiziert werden. Neue Untersuchungen sind noch im Gang oder noch nicht publiziert, etwa „La mission Mattéoli" (17 avril 2000 / Internet).

Ein Phänomen lässt sich aber anhand von Dokumenten im

Bundesarchiv Koblenz und wissenschaftlichen Arbeiten recht gut beschreiben: „Kunstreisen" in das besetzte Paris. Diese haben sich auf den irregulären Kunstmarkt beschränkt: sprunghaft steigendes Angebot jüdischer, aber auch anderer Sammlungen; anhaltende Nachfrage ausländischer, vor allem deutscher Händler; Zahlungsmodalität über Kreditkassenscheine in abgewerteten französischen Francs (Verhältnis Reichsmark Franc vor der Besetzung 1 : 6, und mit dem Diktat der Reichsbank 1 : 20); enorme Geldvermehrung und rasant steigende Preise; Ausfuhrverbot für nicht-deutsche Händler; schließlich Ausbeutung und Stilllegung des Marktes durch die Besatzungsmacht im Jahr 1943.[58]

Der Pariser Kunsthandel war im „Hôtel Drouot" organisiert – in Form von Verkauf und Versteigerung per Auftrag. Daneben haben Franzosen und Ausländer in Bistros, in Hotels, in Wohnungen gehandelt, wobei das Eigentum privater Sammler angeboten wurde, auch von Verfolgten, die gezwungen waren, rasch und schwarz zu verkaufen. In der Regel sind die Provenienzen nicht zu eruieren; die Spuren verschwinden im Schwarzmarkt. Da diese Händler durchaus nicht die Absicht hatten, ihre Gewinne zu versteuern, haben sie, mit Ausnahmen, auch keine Fakturen ausgestellt. Doch wegen der bürokratischen Hürden der deutschen Besatzungsmacht und der Auftraggeber haben Rechtsgeschäfte vorgetäuscht werden müssen; so fabrizieren deutsche Händler selbst ihre Fakturen oder Sammelbelege, und zwar gleich in deutscher Sprache. Ein Beispiel dafür findet sich im Bundesarchiv Koblenz: eine Rechnung für die Staatliche Gemäldegalerie Dresden von der Kunstandlung Rudolf Holzapfel, Paris, 45 Avenue des Peupliers, Villa Montmorency.[59]

Bis 1943 waren die deutschen Händler und Organisationen

privilegiert: Sie waren vom französischen Ausfuhrverbot nicht betroffen, und sie mussten nicht direkt in Reichsmark oder in Devisen bezahlen. Ihre Geschäfte liefen über die Pariser Reichskreditkasse mittels Kreditkassenscheinen, die in stark abgewertete Francs gewechselt wurden. Auch die „Dienststelle Dr. Mühlmann", die dem Reichskommissar Seyss-Inquart in Den Haag unterstellt war, hatte Bankkonten in den Reichskreditkassen der besetzten Länder. SS-Hauptsturmführer Josef Mühlmann aus Uttendorf und seine Freundin Nicole (Madame Jaremtschenko) haben die Pariser Filiale im Hotel d'Orsey, auch im Hotel Mayran und andernorts repräsentiert, und dabei für ihre deutschen Kunden sogenannte Verkaufsausstellungen organisiert, dann auch die komplizierten Behördenverfahren erledigt oder umgangen.

In diesem Verbund hat auch Friedrich Welz seine dubiosen Geschäfte gemacht – jedenfalls nach dem „Blitzkrieg" und keinesfalls davor. Würde man die „Einkaufsreisen" aus seinen Vermerken im Inventar der Landesgalerie, und zwar aus den fingierten Fakturen-Daten konstruieren, dann hätte Welz schon im Februar 1940 für das „Gästehaus des Führers" 15 Kunstwerke bei Gérard, Cailleux und Holzapfel eingekauft. Das hat er frühestens im Herbst 1940 getan, erstmals vermutlich im Auftrag des Klessheim-Architekten Otto Reitter. Das ist der Bruder von Albert Reitter, dem Mentor von Welz. Auch die Termine für seine weiteren Reisen mit Empfehlungen von Gauleiter Rainer und von den Reichsministern Rust und Todt dürfen seriöserweise nicht anhand von „Rechnungen" verifiziert werden. Dann hätte nämlich Welz – laut der von ihm angegebenen Daten im Inventar – 38 Kunstwerke im Oktober 1941 in Paris besorgt, obwohl er diese – sage und schreibe – im Sommer 1941 in Salzburg präsentiert hatte. So kommt eine abstruse Konstruktion seiner Geschäfte zum Vorschein, und diese macht auch seine spätere Behauptung völlig unglaubwürdig, dass er ausschließlich gegen Rechnung im Pariser Kunsthandel eingekauft habe.

Dokumente über die Pariser Geschäfte des Beauftragten des Salzburger Reichsstatthalters sollen im Salzburger Landesarchiv – laut Auskunft des Archivdirektors Fritz Koller – nicht existieren. Zugänglich sind lediglich die Bilanzen der Landesgalerie von 1940 bis 1944, diese jedoch ohne Belege, ohne die Möglichkeit, die Zahlen zu überprüfen.[60] Die fragwürdigen Bilanzen verzeichnen Jahr für Jahr Bestandswerte der „Gemälde und Kunstgegenstände": 253.953 RM (31. 12. 1940), 460.505 RM (31. 12. 1941), 509.075 RM (31. 12. 1942), 496.362 RM (31. 12. 1943) und 843.835 RM (31. März 1944); Gewinn aus Verkäufen: 510.540 RM (31. März 1944). Nicht zu erkennen ist, ob in den Bestandswerten auch „Einrichtungen", die etwa 166 Objekte stecken, die in der Betriebsprüfung aufgelistet sind. Man kann zunächst davon ausgehen, dass mit „Gemälden und Kunstgegenständen" nur Bilder und Skulpturen gemeint sind.

Die Kunstwerke französischer Herkunft wurden mit dem Datum 8. Dezember 1942 inventarisiert, die anderen in den folgenden Jahren. 509.075 Reichmark ist der Bestand zum 31. Dezember 1942 in der Bilanz; hinzu kommen Forderungen aus Verkäufen – unterm Strich 547.680 Reichsmark. Dieser Betrag kann anhand des Inventars der Landesgalerie überprüft werden. Die Nummern 106 bis 448 sind Kunstwerke französischer Herkunft, dazwischen stehen viele Leer-Nummern oder Streichungen, ebenso ein Wirrwarr. Inventarisiert sind 311 Werke, sechs ohne ursprünglichen Wert oder Eingangswert und fünf „Geschenke". Die summierten Werte der 300 Werke belaufen sich auf 552.955 Reichsmark. Für diesen Betrag hätte der Händler vor dem „Blitzkrieg", und damit vor der diktierten Aufwertung der Reichsmark um 333%, weniger als 100 Kunstwerke erhalten; oder er hätte für die 300 Kunstwerke über 1,8 Millionen Reichsmark zahlen müssen – und damit wird einem der Kriegsgewinn vor Augen geführt: etwa 1,3 Millionen Reichsmark.

Laut Betriebsprüfung 1943 hat Welz insgesamt 450.000 Reichsmark überwiesen: 200.000 RM an die Reichskreditkasse in Paris (am 12. November 1940, dem Tag des Auftrages von Gauleiter Rainer), 150.000 RM an das Ministeramt Seyss-Inquart (am 22. Jänner und am 3. März 1941) und 100.000 RM an den Sonderbeauftragten für die Sicherung der Kunstschätze (am 28. April und am 1. Juli 1941). Hinzu kommen Bankzinsen, Kosten für den Transport (Fa. Schenker in Paris), Rechnungen von Rudrèr (vermutlich der Händler Rudier) und von Mme. Salamon (Dolmetscherin): insgesamt ca. 68.000 Reichsmark.[61] Die Differenz zwischen der Summe der Überweisungen und dem Gesamtwert der Kunstwerke ist aus keinem Dokument zu erklären. Welz hat entweder unter den angegeben Eingangswerten eingekauft oder anderswo manipuliert. Es muss auch angenommen werden, dass seine Transaktionen nicht zur Gänze über den „Sonderbeauftragten, das heißt über die „Dienststelle Dr. Mühlmann", und die Reichskreditkasse gelaufen sind. Der Auftraggeber Gauleiter Rainer hat Welz die Einkäufe für die Landesgalerie bezahlt: sieben Überweisungen vom 12. November 1940 bis 20. Mai 1941 in der Höhe von 253.850 Reichsmark einschließlich Zinsen laut Betriebsprüfung. Somit besteht eine beträchtliche Differenz zwischen den Zahlungen von Welz und dem Auftraggeber. Der Betriebsprüfer scheint nicht alle Zahlungen des Auftraggebers registriert zu haben. Denn die Bilanzen von 1940 bis 1942 zeigen deutlich höhere „Zuwendungen" (Konto Einzahlungen).

Der überwiegende Teil der Kunstwerke wurde im Lauf des Krieges geschätzt – von Welz, und wohl auch von Grimschitz. Die summierten Schätzwerte von 256 Werken ergeben über drei Millionen Reichsmark. Der Durchschnittswert beträgt etwa 13.000 RM – mehr als das Siebenfache des Eingangswertes im Inventar. Wird der Durchschnittswert auf alle 311 inventarisierten Kunstwerke übertragen, springt der Gesamtschätzwert auf vier Millionen Reichsmark. Einige Eingangswerte – sofern sie korrekt eingetragen sind – erscheinen geradezu lächerlich im Vergleich zu den Schätzwerten: 500 RM für Elisabeth Vigée-Lebruns *Selbstporträt* (Schätzwert 60.000 RM), 400 RM für Giovanni Paolo Panninis *Ruinenlandschaft mit Staffage* (Schätzwert 100.000 bis 150.000 RM). Kunstwerke, die einen Krämerpreis von 50 Reichsmark haben, liegen nach wenigen Jahren zwischen geschätzten 3.000 bis 5.000 Reichsmark. Dabei muss beachtet werden, dass im Laufe des Krieges die Kunstpreise kräftig anzogen. Spektakulär war die Preisentwicklung bei Kunstwerken französischer Herkunft. Dabei müssen schon beim Kauf die französischen Händler, Vermittler und die „Dienststelle Dr. Mühlmann" mitgeschnitten haben. Was ist dem unbekannten Eigentümer geblieben, der zum Verkauf gezwungen war? Die Kriegsbeute hat jedenfalls ein Vielfaches der Käufe eingebracht. Einige Werke sind allerdings zu hoch geschätzt worden, einige aber bewusst unter ihrem Schätzwert getauscht und weiterverkauft worden.

Der Betriebsprüfer listet einige Kunden auf, die schon 1941 Objekte der Landesgalerie um 64.250 Reichsmark gekauft hatten: Baldur von Schirach, Wolfgang Gurlitt, Kunsthistorisches Museum, Wiener Filiale (Galerie Würthle) und andere. Auch die Bilanzen von 1941 bis 1944 registrieren in der Rubrik Forderungen einige Kunden: Reichsminister Todt und Rust, Gauleiter Rainer und Scheel, Paul-Mathias Padua, Hotel *Österreichischer Hof*, Schloss Klessheim und andere. Die Summe dieser Verkäufe – genauer: die Summe der jährlichen Forderungen – kann nur mit Vorbehalt berechnet werden: ca. 250.000 Reichsmark. An der Spitze liegt Schloss Klessheim mit 156.000 Reichsmark. Die Objekte sind teils unbekannt und teils zu identifizieren; letztere sind dem Inventar E zuzuordnen, zum Beispiel ein französischer Gobelin (Käufer Padua), einige französische Spiegel und Wandtische (Schloss Klessheim).

Überdies haben Welz und Grimschitz in den Kriegsjahren 1943 und 1944 insgesamt 78 inventarisierte Kunstwerke der Landesgalerie verkauft oder über Deckadressen verschoben; 75 haben Preis-Vermerke, in Summe: 579.000 Reichsmark (im Schnitt 7.720 RM). Der Vergleich mit dem „Gewinn aus Verkäufen" in der Bilanz zum 31. März 1944 ergibt eine Differenz von ca. 70.000 RM. Nach diesem Bilanzdatum sind noch etliche Bilder verkauft worden, zum Beispiel an den Nazikünstler Paul-Mathias Padua. Der Reichsgau Salzburg hat durch den Verkauf von nur 75 Werken mehr als den gesamten finanziellen Einsatz für die 311 Werke herausholen können. Außerdem hat Welz nicht nur den Bestand der Landesgalerie aufgefüllt, sondern auch den eigenen, indem er Kunstwerke an den Inventaren und sonstigen Listen vorbei jongliert hat. Zum Profit muss auch der nach dem Krieg registrierte Abgang – der angebliche Verlust – von über 40 Bildern gerechnet werden. Die Rechnung sollte auch mit den „Einrichtungen" angestellt werden, sie kann aber nur Spekulation sein. Etwa 166 Objekte, Tapisserien, Gobelins und Stilmöbel aus Frankreich haben Klessheim und Leopoldskron, die Residenz und die Villa Warsberg sowie die Galerie Welz geschmückt, zum Beispiel ein Fauteuil bergère, acht Sessel Nussholz Louis XV in den Privaträumen von Welz. Die Summen für das Mobiliar und die Kunstwerke in einem betrachtet müssen die zitierten Zahlungen nach Paris beträchtlich überragen.

Der Betriebsprüfer erfindet im Jahr 1943 die Mär von der Gefälligkeitsbesorgung: Herr Welz habe als Beauftragter des Reichstatthalters die Aufträge anderer politischer Persönlichkeiten wie Reichsminister Todt und Rust und höhergestellter Beamter fast ausnahmslos gefälligkeitshalber, privat und ohne Buchungen in den Geschäftsbüchern erledigt. Hier öffnen sich pekuniäre Klüfte unbekannter Dimensionen: Schwarzmarkt, Kriegsprofit und Steuerbetrug. Der Betriebsprüfer beschreibt nur die Aufträge der Reichsminister Todt und Rust ausführlicher, im Bestreben, Welz vom Verdacht des Betruges reinzuwaschen: Für die Organisation Dr. Todt habe Welz „in fremden Namen und für fremde Rechnung" einige (nicht genannte) Objekte im Pariser Palais d'Iran gekauft. Die Provisionen von Reichsminister Rust jedoch sollen in die Landesgalerie geflossen sein. Wo die Mär von der Gefälligkeitsbesorgung zu unglaubwürdig wird, beeilt sich der Prüfer, eine Rechtfertigung für den Kriegsprofit zu liefern: Galerien täuschten erfahrungsgemäß häufig und vermehrten nicht selten durch Verkauf von Bildern die Mittel zum Erwerb neuer Bilder. Gewinne seien eine Folge der Sonderverhältnisse auf dem Kunstmarkt.[62]

In der Betriebsprüfung fehlt jeder Hinweis, dass auch Rechnungen der Pariser Geschäfte geprüft worden seien. Es werden wohl Rechnungen erwähnt: jene vom Transportunternehmen Schenker, von der Dolmetscherin Mme. Salamon und von einem gewissen Rudrèr (vermutlich der Pariser Händler Rudier), mehr aber nicht. Daher stellt der Betriebsprüfer einen Mangel fest: *„Die von Herrn Welz bei Einkäufen für die Landesgalerie in Paris weitergegebenen Rabatte bzw. Provisionen konnten wir im einzelnen nicht nachprüfen, da uns die hierzu notwendigen Unterlagen nicht zugänglich waren. [...] Bei den betreffenden, von Herrn Welz für die Landesgalerie getätigten Einkäufen ist zu berücksichtigen, dass sie in einem Land erfolgten, wo es nicht üblich ist – erst recht nicht im Kunsthandel und bei Barkäufen –, dass die Provisionsempfänger Quittungen erteilen."*[63] So haben also die Pariser Agenten und Händler keine Spuren auf dem Pariser Schwarzmarkt zurücklassen wollen, und dabei aber auch keine Rechnungen für Welz.

Allerdings müssen schon wegen der Ausfuhrgenehmigung Sammelbelege vorhanden gewesen sein. Diese wird auch Welz selbst zusammengestellt haben. Was er aber später im Inventar der Landesgalerie hinschreibt, das ist mehr als mysteriös: zum Beispiel bei Rousseaus *Sumpflandschaft*: „Holzapfel Paris, F. 15. 2. 40, D 22", oder bei Renoirs *Landschaft mit Badenden*: „Gerard Paris, F. 18. 2. 40, D 23". Diese Fakturen-Daten – dahinter Nummern des Sammelbelegs – stehen auch nicht im Einklang mit den Daten der Überweisungen von Welz. Er pocht nach 1945 zwar mehrmals auf die Legalität der Geschäfte, behauptet aber niemals, fünfzehn Kunstwerke schon vor dem „Blitzkrieg" von Pariser Händlern redlich erworben zu haben. Gänzlich unverständlich sind die Daten vom Oktober 1941: zum Beispiel bei Sisleys *Le Pont de Moret*: „Duthil, Paris F. 14. 10. 41, D 87", oder bei Courbets *Le Ruisseau du Puits Noir*: „Holzapfel Paris,

F. 15. 10. 41, D 81". Demnach hätte Welz erst im Oktober 1941 Sammelbelege für 38 Kunstwerke ausgestellt, die drei Monate zuvor in der Salzburger Ausstellung „Französische Kunst des 19. Jahrhunderts" zu sehen gewesen waren. Wie hatte Welz diese Kunstwerke aus dem besetzten Paris herausbringen können – ohne Sammelbelege für die Ausfuhrgenehmigung, mit Hilfe der „Dienststelle Dr. Mühlmann"? Es verwundert nicht, wenn der Betriebsprüfer Quittungen von Welz bzw. seiner Vermittler vermisst und nicht prüfen hat können. Die Daten im Inventar sind schlichtweg fingiert – von Welz.

Erfunden sind auch, zum Teil jedenfalls, die Händlernamen. Laut Auskunft des Départements des Peintures im Pariser Louvre sind nur einige jener Händler zu identifizieren, die Welz im Inventar der Landesgalerie vermerkt: Aizpiri (?), Daniel Bauvais, Galerie des Beaux-Arts (Bayser), Lucien Bellanger, Boudin, Marie Burian (?), Paul Cailleux, Galerie Cambacérès (Georges Terrisse), Darquennes (?), Jacques Debreuil, Georges Destrem, Etienne Donath, Donville, Société Doucet, Dubreuil, Duthil (?), Fabius (?), Georges Gairac, Alexis Garnier, Raphael Gérard, Hembert (?), Rudolf Holzapfel, Aristide Horst, Joséphine, Georges Legout, Leonardi (?), Loubeyre (?), Manteau, Marchand (?), Marinno (?), Massaert (?), Moulard (?), Niewport (?), Jules Nonglair, Noulard (?), Pentalis (?), Reyma (?), O'Rossin (?), Alexis Rudier (Rechnung!), Stassart, Tourquin et Gard Legnay (?), Paul Tulino und Vavasseur (?). Diese Händlernamen sagen nichts über die Herkunft der Bilder aus.

Bei Degas' *Balleteusen* vermerkt Welz im Inventar: „Marchand Paris vorm. Vollard Kollekt. F. 13. 10. 41, D 80". Hier ist zwar die Sammlung Vollard zu identifizieren, die 1939 aufgelöst worden war, nicht aber „Marchand"; das Wort kann mit wenigen Französischkenntnissen übersetzt werden: Händler! Am häufigsten findet sich der einprägsame Name Holzapfel, überdies in Verbindung mit anderen Händlern oder mit den Sammlungen Menchikoff und Gauthier, die freilich nicht zu identifizieren sind. So ist die Herkunft der Kunstwerke mit ganz wenigen Ausnahmen nicht zu bestimmen, auch die französischen Marchand vielfach nicht, und wenn doch, dann muss das nicht bedeuten, dass Welz bei ihnen die Kunstwerke erworben hat. Ziemlich sicher ist das nur bei Alexis Rudier: Hier hat Welz einige teure Stücke und anscheinend gegen Rechnung gekauft: acht Skulpturen einschließlich *Bürger von Calais* von Auguste Rodin, *Axa* und einen Akt-Torso von Charles Despiau, *Trois Nymphes* von Aristide Maillol. Quer durch die Pariser Ausbeute glänzen Meister wie Cézanne, Corot, Courbet, Daumier, Degas, Gauguin, Jongkind, Manet, Monet, Renoir, Rousseau, Seurat, Sisley, Toulouse-Lautrec und Utrillo. Impressionisten müssen spätestens im Frühjahr 1941 angeschafft worden sein, dann sind deren Preise wegen des Nachfragebooms in die Höhe geschnellt. Sisleys *Le Pont de Moret* soll 1940 im besetzten Paris 8.750 Reichsmark gekostet haben – auf dem österreichischen Kriegsmarkt geschätzte 120.000 Reichsmark.

Im Inventar der Landesgalerie findet sich fünfmal das Wort „Geschenk": bei Chardins *Stillleben mit Rochen*, Courbets *Stillleben mit Äpfeln*, Seurats *Sängerin* und bei zwei unbekannten Künstlern. Die „Geschenke" für Welz erhalten ebenfalls Schätzwerte aufgepfropft: in Summe 106.000 Reichsmark. Der großzügige Spender heißt Rudolf Holzapfel, der offenbar selbst nichts bezahlen hat müssen. Der Deutschamerikaner war Experte im Aufstöbern von Kunstwerken für das Linzer Beutekunstmuseum und ebenso für Salzburg. Der US-Bürger, der ohne Restriktionen der deutschen Besatzungsmacht auch nach dem Kriegseintritt der USA hat arbeiten dürfen, bekommt Dankschreiben etlicher Nazifunktionäre, auch des Reichsstatthalters von Salzburg. Holzapfel war schlechthin der Pariser Kollaborateur der „Dienststelle Dr. Mühlmann", „engaged in confiscation as well as purchase", laut amerikanischem Befund.[64] So ist auch die Ware, die Welz im Verbund mit dieser „Dienststelle", Josef Mühlmann und Rudolf Holzapfel, in Paris erworben hatte, von bedenklicher Herkunft.

Im Mai 1944 ist Mühlmanns mobile „Dienststelle" samt ihrer Kriegsbeute in ihre österreichischen Quartiere geflohen, wo der Raubzug seinen Ausgang genommen hatte. Im Schnellzug aus Paris gelangen noch drei Kisten über Attnang-Puchheim nach Aussee in das Salzbergwerk und eine Kiste nach Wien. Nach der Befreiung kreuzen sich abermals die krummen Wege der Salzburger Beutejäger: zuerst im Salzburger US-Internierungslager Glasenbach (Camp Marcus W. Orr).

Am 24. September 1946 protokolliert Capt. Malcolm Shaw: *„Dr. Kajetan Muhlmann and Josef Ernst, both in Camp Marcus Orr, and Dr. Joseph Muhlmann of Salzburg, were questioned concerning art objects which disappeared from the French Embassy in Warsaw during the war. A Report has been forwarded."* [65] Josef Ernst war lediglich ein interner Mitarbeiter Kajetan Mühlmanns. Dessen Bruder Josef war offensichtlich nie interniert; er signiert am 7. September 1945 in Salzburg ein französisches Protokoll: „Organisation du Service Mühlmann". Kern der Aussage: Er sei lediglich ein kleiner Angestellter gewesen, der Befehle empfangen und ausgeführt habe.[66]

Die Verhöre niederländischer, französischer und US-amerikanischer Kommissionen hatten die Intention, die Beutejäger zu Kooperation oder Kollaboration zu bewegen und verborgene Kunstwerke auszuforschen. Auf diese Weise hat Kajetan Mühlmann schon im Herbst 1945 die Zusagen niederländischer und französischer Offiziere verbuchen können, er habe weder eine Auslieferung an Polen, Holland und Frankreich noch ein gerichtliches Verfahren zu befürchten.[67] Den Willen, alle Kunstwerke entschädigungslos zurückzustellen, begründete Kajetan Mühlmann seinem Kunstexperten Eduard Plietzsch gegenüber so: *„Unsere Käufer haben damals die Papiermark leicht genug verdient und sind – bekennen wir selbst – billig, d. h. ohne Devisen aufzuwenden, in den Besitz von Kunstwerken gekommen. Sie können am leichtesten den Verlust verschmerzen und brauchen uns nicht leid zu tun. Ausserdem sind sie ebenso wie wir verpflichtet, diesem Gesetz der Militärregierungen Folge zu leisten."* [68]

Kajetan Mühlmann hat seinen Kopf aus der Schlinge ziehen können, indem er im Münchner Collecting Point seine früheren Abnehmer, deren Besitz noch nicht entdeckt oder zur Gänze restituiert war, denunziert: diverse Museen und Personen in Deutschland und Österreich, zum Beispiel das Kunsthistorische Museum, das Dorotheum, das Belvedere, die Galerie des 19. Jahrhunderts (Österreichische Galerie), Hans Walczok und Heinrich Hoffmann in Wien, Josef Thorak im Schloss Prielau bei Zell am See, Poldi Wojtek-Mühlmann in Anif, Josef Mühlmann in Salzburg sowie das Schloss Klessheim und die Salzburger Landesgalerie. Laut den undatierten Listen Mühlmanns haben sich im Schloss Klessheim noch sechs bis zehn französische Gobelins, in der Salzburger Landesgalerie noch französische Impressionisten, Gemälde alter Meister, Stiche und Landschaften von Salzburg sowie Spitzwegs *Ansicht von Hohensalzburg* befunden.[69]

Beschlagnahmte Kunstwerke, auch jene aus geplünderten Wiener jüdischen Sammlungen – die „Führer-Spende" –, wurden im Salzburger Museum Carolino Augusteum seit Oktober 1945 von Josef Mühlmann betreut. Dass hier Plünderer und Kustode in einer Person fungiert, hat wohl jener US-Offizier nicht erkennen können, als er am 29. Juli 1947 zu Protokoll gibt: *„Inventory of the Museum at Salzburg revealed that this museum alone has acquired more than 150 items, comprising paintings, furniture, applied arts and china, mostly originating from Austrian private collections such as Rothschild, Gutmann, Bondy and Fuerst. Purchases, made at that time, even from public art institutes such as the Reich Chamber of Artists etc, were likely to consist of Jewish confiscated property."* [70]

Evelyn Tucker verhört Frederich Wels

Tausende Kulturgüter mussten in Bergwerken, Schlössern und Privathäusern beschlagnahmt und deponiert, schließlich identifiziert und restituiert werden, und das von der „U. S. Allied Commission Austria". Diese verzweigte Organisation im Wiener US-Hauptquartier besaß im Salzburger Schloss Klessheim eine spezielle Sektion: „Property Control and Restitution Section" mit einem Depot, dem „Property Control Warehouse" in der Klessheimer Allee (heute Struberkaserne). In der hier vereinfacht dargestellten Organisation waren viele Personen tätig, deren Namen nur genannt werden, wenn sie in Zusammenhang mit dem „Welz case" stehen.[71]

Friedrich Welz wurde – nach seinem kurzen Militärdienst – im Mai 1945 von der US-Army verhaftet, vorübergehend freigelassen, im November 1945 neuerlich festgenommen und interniert: im Camp Marcus W. Orr oder Lager Glasenbach für Kriegsverbrecher, und zwar auf Antrag der französischen „Commission de Récupération artistique". Inzwischen ereignete sich einiges in seiner „arisierten" Villa. Diese hatte ihm und seiner Landesgalerie als „Luftschutzlager" gedient. Im September 1945 ließ 1st Lt. Morrie S. Grinbarg „in the private home of Mr. Welz at St. Gilgen" alle Kunstwerke und Geschäftsbücher beschlagnahmen und in das Property Control Warehouse transportieren. Am 7. November 1945 protokolliert Grinbarg: *„Within the private home of Mr. Welz at St. Gilgen were taken all objects of art which were identified with the Welz Landesgallery or Salzburg museum stamp. The collections included paintings and prints, volumes* *of museum art literature, some ceramics, and a few pieces sculpture also from the home of the former director were taken all of the account books concerning the museum and the additional two public galleries of which the same director headed. Only those of absolute certainty belonging to the museum were retained by the officials; all other were released to the Property Control Officer of Land Salzburg."* [72]

Mr. Kennedy, Chief in Salzburg, notierte am 27. März 1947 über sein erstes Verhör von Friedrich Welz: *"Mr. Welz, also from Camp Marcus Orr, was interrogated on 18 March 1947. Welz gave satisfactory information on the whereabouts of missing French paintings. It was recommended to release Welz with the restriction to remain in the American Zone of Austria and to be available for further interrogation if necessary."* [73] Am 14. April 1947 wurde Welz entlassen. Seine Galerie hatte seit 1945 der Wiener Galerist Christian M. Nebehay genutzt – ein Geschäftspartner, der zuletzt mit Grafiken von Klimt und Schiele einige Kunden anlocken konnte.[74] Während die Interimsregelung freundschaftlich beendet wurde, eskalierte der schwelende Konflikt zwischen Welz und dem öffentlichen Verwalter Hoefner; dieser wird vom Amt der Salzburger Landesregierung wegen „grober Fahrlässigkeit" abgehalftert. Im November 1947 eröffnet Welz seine Ausstellung von Werken Anton Mahringers aus dem Nötscher Malerkreis; der Galerist kann für die offizielle Ansprache den Landesamtsdirektor Rudolf Hanifle gewinnen: der war in der NS-Zeit ein politisch verfolgter Beamter. Zu dieser Zeit beginnen erst die österreichischen Verfahren nach dem Kriegsverbrecher- und dem Rückstellungsgesetz gegen Welz. Doch dieser forderte schon im August 1947, dass sein nach wie vor beschlagnahmtes Eigentum freigegeben werde, was ihm die US-

Militärregierung verweigerte, weil noch Ansprüche von vertriebenen Eigentümern oder Erben zu erwarten waren.

Im Oktober 1947 wurde Evelyn Tucker, Fine Arts Officer in der Wiener Dienststelle, mit dem „Welz case" in Salzburg betraut. Mrs. Tucker war überaus korrekt gegenüber Welz und den österreichischen Ämtern und unbequem gegenüber ihren Chiefs, Lt. Col. McKee, Vernon R. Kennedy und General Harry J. Collins, dem Kommandanten der US-Zone und späteren Ehrenbürger von Salzburg. Wegen deren Gehabe und Passion für Trophäen war Mrs. Tucker so verärgert und frustriert, dass sie ihrem Herzen Luft machen musste: *„Before you decide that I'm just a frustrated woman (and I frankly admit that I am) let me say there is French looted fine arts in the General's villa in Salzburg, Dutch fine arts in the General's villa in Linz, a French looted painting in the Officers Club in Salzburg – all definitely identified and encluded on claims but I have not been allowed to reveal that I have found them [...]."* [75]

Dieser Brief wie auch die Reports von Evelyn Tucker sind von divergenten Haltungen geprägt: einerseits von Ressentiments gegen die US-Army – in der sie als Frau so mancher Diskriminierung ausgesetzt war –, andererseits von Sympathien für Österreich als dem ersten Opfer der Hitler-Aggression. Um ein Ergebnis der Recherche in dieser verzwickten Angelegenheit vorwegzunehmen: Als Evelyn Tucker im Sommer 1948 ihren Salzburger Auftrag beendete, legt sie eine Liste vor: 120 Kunstwerke französischer Herkunft, die nicht restituiert werden konnten, weil sie im Krieg verkauft worden waren, verschwunden sind oder noch in irgendwelchen US-Quartieren hingen. Tuckers Berichte suggerieren, dass die US-Offiziere wie die Raben gestohlen hätten – dabei blieb von den im Officers Club registrierten

Ausstattungsbildern nur eines verschollen. Der sonst so aufmerksamen Mrs. Tucker sind leider die Kunstschätze entgangen, die im Salzburger Museum und andernorts so gut versteckt waren, dass sie nicht an Frankreich ausgeliefert zu werden brauchten. Wenig erfolgreich waren auch die Bemühungen Tuckers, den US-Claim der vertriebenen Erben nach Heinrich Rieger zu erfüllen. Wie Friedrich Welz und einige österreichische Ämter die Amerikanerin Tucker desinformiert, belogen und über den Tisch gezogen haben, kann im Folgenden gezeigt werden.

Tuckers Report Period - 20 Nov to 21 Nov 1947[76]

Die „U. S. Allied Commission Austria" setzte also Evelyn Tucker auf den ungelösten „Welz case" an. Sie war keine Kunstexpertin und Historikerin, sie war vielmehr Verhörspezialistin, und als solche war sie zunächst bestrebt, Vertrauen herzustellen, ihren „Frederick Wels" reden zu lassen – in englischer Sprache und ohne ihm zu widersprechen. Am 20. November 1947 hatte Tucker das erste „Appointment" mit Friedrich Welz im Hotel *Österreichischer Hof*. Tucker versuchte Welz einzuschätzen: „Wels appears to be a fairly cultured man, speaks English and French quite well – but is considered by both Austrian officials and American Military Government officials to be a very shrewd man." Dann betont Tucker, dass die Nazis diesem „very shrewd man" nicht ganz vertraut haben, dass er im Jahr 1943 sogar einer „thorough investigation" ausgesetzt gewesen sei. So wie sie dem Bericht des Betriebsprüfers Bühler glaubte, glaubte sie auch die Geschichte, die ihr Welz erzählte: „seine" Geschichte, die eines Opfers mit Imponiergehabe.

Welz sei Soldat gewesen, habe nach Kriegsende vier Monate

in einem Gefängnis gesessen, und zwar in „most distinguished company – Goering etc." Dieses Bild muss man sich vor Augen halten: Welz inmitten der Naziprominenz, mit dem Reichsmarschall schmachtend in einem dunklen Verlies – das Sujet eines Opernlibrettos. Prominent, wichtig und einflussreich – so wollte Welz erscheinen. Einzig realistisch in all dieser Stilisierung ist die Aussage, dass er als mutmaßlicher Kriegsverbrecher im Camp Marcus Orr inhaftiert gewesen ist. Ansonsten plaudert Welz vornehmlich über Unwürdigkeiten, die er habe erleiden müssen, während sein gesamtes Eigentum verschwunden sei. So habe ein American Captain sein Ersuchen, die Konfiskation seines Eigentums zu bestätigen, unverschämt nur mit einem Wort quittiert: „None". Im übrigen behauptet Welz, dass er von den Amerikanern als Kriegsverbrecher bezichtigt werde, wo er doch bloß im besetzten Frankreich Kunst gekauft habe und wo doch jeder Amerikaner in Österreich nun das gleiche tue. Seine Rechtfertigung gipfelt in einem Anfall von aggressiver Schuldzuweisung: „He said he and most other Europeans [sic!] think the Americans as a whole are the most immoral army of occupation the world has ever known."

Dieses krude Feindbild deutet Tucker jedoch nicht als das, was es war: nämlich als die Projektion nationalsozialistischer Kriegsverbrechen auf den Kriegsgegner Amerika. Evelyn Tucker, frei von jeder Siegerallüre, brachte vielmehr ihre negative Erfahrung als weibliche, von ihren männlichen Vorgesetzten und Kollegen oft diskriminierte und zugleich korrekte Angehörige der US-Army ins Spiel. Sie bekräftigte die Tirade ihres Gesprächspartners. Dieser, und das war ihr Plan, sollte auspacken. Doch sein Gerede kreiste vor allem um eines: um die „Plünderung" seines gesamten Eigentums. Schließlich drehte

Welz den Spieß vollends um: Er verlangte zu wissen, „what the Americans were going to do about it since we punished others rather harshly for looting." Evelyn Tucker scheint völlig uninformiert dieser Attacke ausgeliefert gewesen zu sein.

Herrisch mimt der Österreicher die Rolle des Opfers. Welz wollte der Amerikanerin sogar einreden, dass seine im besetzten Frankreich erworbenen Schätze, Bilder, Gobelins und Möbel, nur der Ersatz sein sollten für die von Napoleon in Salzburg geraubten Kunstschätze – quasi eine Wiedergutmachung, wie auch Kajetan Mühlmann seine verschleppten Kunstschätze für das „Führer-Museum" zu rechtfertigen suchte. Doch Tucker wusste nicht, dass die kostbarsten Gemälde der Salzburger Residenz anno 1806 in die Reichsmetropole Wien abgewandert sind. So klingt ihr Kommentar auf das, was ihr da aufgetischt wurde, recht naiv: „That was the reason Wels was commissioned to purchase fine arts in France and establish a Landesgalerie in Salzburg because the city had no gallery worth speaking of."

Diesem historischen Lügenbau, den hier der „very shrewd man" auftürmt, scheint Tucker nicht gewachsen gewesen zu sein. Ihre Verhörkunst hat auch nicht gereicht, danach zu fragen, was Welz wortgewaltig verschweigt. Doch ihre Hörigkeit gegenüber dem auftrumpfenden Herrn hat mit der konkreten Untersuchung, die akribisch protokolliert ist, ein Ende. Tucker hat zwar die obskure Apologetik nicht in Frage gestellt, dafür wollte sie genau wissen und gründlich prüfen, ob ihre Liste komplett war – „the list of Wels' purchases of paintings in France during the war". Außer dieser Akribie Tuckers sind es die Eitelkeit und Renommiersucht ihres Gesprächspartners, der wir die Klärung einiger Lücken verdanken: „(...) *Wels saw the list in the office and said it was complete. I told him I had thougth it was partial but he said ‚no, complete'. This was on Friday, however, the evening before when we were sitting in the Oesterreichischer Hof lounge talking I noticed he kept looking towards the end of the room where a large painting was hanging. I said ‚do you like the painting, Mr. Wels?' He said ‚not especially but it is one of mine'. I said ‚France?' and he said ‚Yes, of course'. Will continue to check through Wels records that are still available to us as I have been unable to identify this painting on the list we have."*

Als am 21. November 1947 Evelyn Tucker und Welz das Schloss Klessheim besichtigen und Tucker meint, dass die ehemalige Hitler-Residenz – das „Gästehaus des Führers" – neu ausgestattet worden sei, erwiderte ihr Welz lachend: „Miss Tucker, we did that and more – we rebuilt the castle as it was practically in ruins". Nach diesem Eingeständnis und der eitlen Identifikation denunziert Welz einen Konkurrenten, der ebenfalls Klessheim versorgt hat: „not mine – this is Greiser's" oder „I wonder where Greiser got these". Dieser bislang unbekannte Greiser sei ein deutscher Kunsthändler gewesen, der ebenfalls im besetzten Frankreich „extensively" eingekauft habe. Im Übrigen soll Welz angesichts der unberührten Ausstattung Greisers ganz traurig, verstimmt und beleidigt gewesen sein – seien doch seine französischen Schätze nach Frankreich verschleppt worden. Da der Kunsthändler Greiser für die Amerikanerin ein unbeschriebenes Blatt war, gab ihr Welz die Adresse des Architekten Otto Reitter, der Klessheim umgestaltet und sowohl Greiser als auch Welz beauftragt hatte – und so schließt Welz: „and we merely filled the orders".

Die Recherche in deutschen Bundesarchiven über den auch dort unbekannten Greiser bringt eines zum Vorschein: Schloss Klessheim hat außer Welz noch Kajetan Mühlmann über seine

„Dienststelle" versorgt. Jedenfalls hat Welz, dieser traurig-eitle Blender, nichts Konkretes verraten – weder über seinen bestens erfüllten Auslandsauftrag noch über seinen versteckten Besitz.

Tuckers Report Period - 8 Dez 1947[77]

Diesen Report eröffnet Evelyn Tucker mit einem überraschenden Kommentar: „Wels spread a lurid tale of looting by the Americans." Gegenstand ihrer Untersuchung war das von „Frederich Wels" verbreitete Gerücht, sein gesamtes Eigentum, Kunst, Bibliothek, Geschäftsbücher, Abendgarderobe „and many other things" seien während seiner Internierung aus seiner Villa in St. Gilgen geplündert worden.

Auch Tucker, die nun den Report von Morrie S. Grinbarg über die Beschlagnahme „in the private home of Mr. Welz at St. Gilgen" kennt, stößt bei ihrer Recherche auf das Hauptproblem: Der angeblich beraubte Eigentümer Friedrich Welz war sowohl ein privater Galerist als auch der offizielle Leiter der Landesgalerie, einer Einrichtung des Reichsgaues Salzburg. Im Salzburger Warehouse lagerten – ganz vermischt – Geschäftsbücher und Kunstwerke der Galerie Welz und der Landesgalerie, darunter etliche französischen Ursprungs. Überdies war die Welz-Kollektion vermengt mit Schätzen aus anderen Bergungsorten. Konfusion und Hektik herrschten im Warehouse. „First priority of attention" hatten zudem Tausende geplünderte Objekte aus Italien und Polen, die mit Welz und der Landesgalerie nichts zu tun hatten.

Erst im Juli 1946 versuchte man im Warehouse die „Segregation of the Wels' Collection" – die Trennung von privatem und öffentlichem Besitz, von französischen und anderen Ansprüchen. Anlass für die pitzelige Arbeit war die angekündigte Untersuchung französischer Kunstexperten. Damals wurde auch erstmals die Klage der Frau Welz erwähnt, keine schriftliche Bestätigung der Beschlagnahme erhalten zu haben. Daraus resultiert der Verdacht der Plünderung – „looting" –, der geprüft werden sollte, wie am 10. Juli 1946 Robert M. Miller berichtet. Doch Tucker wusste nichts Genaues über das Verfahren, das gegen den US-Offizier Grinbarg gelaufen sein soll.

Welz hatte, um die „Plünderung meines Eigentums" zu dokumentieren, etwa 100 Kunstwerke und andere Objekte, Geschäftsbücher und Fotos feinsäuberlich auf eine Liste gesetzt und diese mit 15. September 1945 datiert. Diese Liste – der Kürze halber „Plünderer"-Liste genannt – soll in der US-Kommission enorme Verwirrung gestiftet haben. Mrs. Tucker prüft nun im Dezember 1947 die „Plünderer"-Liste anhand der gesicherten Bilder im Warehouse: „The greatest surprise to-date in the Wels case is the locating of about 98% of the property on the list which was compiled by Wels himself on 15 Sept 1945 [...]." Außerdem entdeckt Evelyn Tucker, dass Welz auf seine Liste ein Bild setzte, das gar nicht in seiner Villa sein konnte, sondern an einem anderen, ihr bekannten Ort konfisziert worden war. Dies war für Tucker ein zusätzliches Indiz, dass Welz bewusst die Unwahrheit sagt, um seinen Fall zu mystifizieren. Tucker verdächtigt Welz, die wenigen unauffindbaren Bilder und Objekte, die auf seiner Liste stehen, entweder verkauft oder gegen Kriegsende versteckt zu haben.

Zudem wirft ein einmaliger Zufallsfund Tuckers ein Schlaglicht in die Trickkiste von Friedrich Welz. Major Bulla de Villaret, Chef der französischen Kommission und Freund des Künstlers Maurice Utrillo, hatte ergebnislos nach einem Bild gesucht, das während der deutschen Besetzung Frankreichs verschleppt worden war: Utrillos *Allee in Vincennes*, Inventar-Nr. 326 der Landesgalerie, nach dem Tauschhandel im Jahr 1944 wieder im Besitz von Friedrich Welz. Anfang Dezember 1947 findet Tucker das gesuchte Gemälde: Es steckte oder versteckte sich zwischen Zeitungsblättern in der 1945 vermeintlich geplünderten Bibliothek von Friedrich Welz.

Evelyn Tucker hat in kurzer Zeit dieses ausgeklügelte Verwirrspiel entlarven, den schnöden und diffamierenden Verdacht entkräften, somit auch die Unschuld ihres Kollegen Grinbarg beweisen können. Tucker zweifelt aber an der Wirkung ihres Reports, der nicht für die Öffentlichkeit bestimmt war: „As can be seen from the foregoing, any reports of Lt. Grinberg looting this property are unjust and untrue. The unfortunate aspect of this story now is that this report will naturally not have the same publicity that the story of his looting had." Am Rande bemerkt: Die Öffentlichkeit hat nichts aus den Medien über den „Welz case" gehört, und auch nichts über die Verwicklung des Landes Salzburg.

Welz und das Land haben das Spiel des Verwirrens und Täuschens auch um das „Wels' Business Enterprise" getrieben: im Verständnis Tuckers „business correspondence, bank vouchers, tax receipts and declarations", also alle beschlagnahmten Geschäftsunterlagen der Galerie Welz und der Landesgalerie. Das Material, das die Verwicklung des Landes in den „Welz case" hätte aufdecken können, falls es daraufhin geprüft worden wäre, lagerte seit dem 20. November 1947 in der Salzburger Residenz. Dort befanden sich auch seither beschlagnahmte Güter, auf die kein Anspruch der rechtmäßigen Eigentümer erhoben worden war. Verantwortlich für Verwahrung und Identifikation des Eigentümers war der Vertreter der Landesregierung, Oberregierungsrat Paul Horner.

Tuckers Report vom 8. Dezember 1947 schließt mit der halbseitigen Story „Wels' Business Enterprise", einer Mystery-Story, die sie nur vom Hörensagen kennt. Tucker beschreibt, offensichtlich irritiert, vor allem das Manöver Horners. Er lässt ihr ausrichten, er liege im Bett, und wolle ihr eine „verbal message" übermittteln, deren Inhalt er nicht schriftlich festhalten wolle. Horner hat sich vor seiner offiziellen Verantwortung für verwahrtes Gut gedrückt. Diesem hat Welz einen Besuch abgestattet, berichtet Tucker: „Wels went to the minor official – who knew nothing about the confusion centering around Wels and his activities – and persuaded him to release his Business Enterprise to him [...]." Welz kann nicht das gesamte „Business Enterprise" entwendet haben, er hat möglicherweise Wichtiges und Belastendes herausgefischt. Denn etliche zur Klärung der „Affaires Wels" benötigten Beweisstücke werden dann am 26. Jänner 1949 von der US-Kommission freigegeben, allerdings leider der Jurisdiktion der Landesregierung überlassen: „9 Office books, 11 Envelopes with photos of paintings and other art objects, 15 Folders with correspondence, 1 Box with letters und bills, 2 Folders account-extracts".[78] Damit haben die USA dem Land Salzburg den Rest jenes Eigentums übergeben, das nach der Lügenversion von Welz anno 1945 geplündert worden wäre, und damit ist auch die Frage beantwortet, wer diese Beweismittel eingesteckt und unterdrückt hat.

French claims and receipts

„Kunstraub": Unter diesen Begriff fielen – gemäß der Londoner Deklaration von 1943 – sowohl Enteignungen als auch jeder Kauf von deutscher Seite in einem besetzten Land – legitimerweise angesichts all der Zwangsverkäufe, Geldmanipulationen und anderer nationalsozialistischer Handlungen in West- und Osteuropa. Nach der Befreiung Europas durch die Alliierten hatte Frankreich unmissverständlich seine Position dargelegt: Auch die während der deutschen Besatzung getätigten Kunstkäufe seien illegal gewesen.[79] Daher mussten Kulturgüter, gleich ob enteignet oder gekauft, nach 1945 restituiert werden, sobald man ihrer habhaft werden konnte.

Fritz Hoefner, „administrator of the art-dealer's shop Friedrich Welz, appointed by Military Government", besorgt am 24. Juni 1946 in englischer und deutscher Sprache die „Anmeldungserklärung gemäß des Alliierten Militärkommandos über Vermögenswerte, die den Vereinten Nationen entzogen oder aus anderen von den deutschen Armeen besetzten Gebieten (ausschießlich des Gebietes Österreichs) verschleppt worden sind".[80] Schwerarbeit haben vornehmlich die „U. S. Allied Commission Austria" und die „Property Control and Restitution Section" in Salzburg geleistet. Die US-Reports – wiewohl in den US-National Archives nicht vollständig archiviert – dokumentieren die arbeitsintensiven und vielfach erfolgreichen Recherchen in den Jahren 1945 bis 1949.

Der Report vom März 1946 registriert einen Misserfolg: „Interrogations of persons related to the Welz collection have been continued without definite result." Erfolge stellen sich erst ein, als im September 1946 Kajetan Mühlmann im Camp Marcus Orr und sein Halbbruder im Salzburger Museum über Beutekunst befragt werden. Am 17. und 18. März 1947 besucht dann der Chef der französischen Kommission, Major Bulla de Villaret, das Camp in Glasenbach: Er will von dem internierten Leopold Ruprecht, vormals Leiter der Waffensammlung im Wiener Kunsthistorischen Museum, Informationen über Objekte aus Frankreich erhalten, die für das Linzer „Führer-Museum" angeschafft worden seien. Friedrich Welz wieder muss über vermisste französische Kunst aussagen, die in dunkle Kanäle geraten sei. Darüber, so der Report, habe Welz befriedigende Informationen gegeben. Was er verraten hat, wird nicht gesagt, jedenfalls hat Welz seine Entlassung erreicht – mit der Auflage, innerhalb der amerikanischen Zone zu bleiben und sich der weiteren Untersuchung zu stellen. Auf diese Weise erhofften sich die alliierten Kommissionen den größtmöglichen Nutzen, der sich bei einer Auslieferung von Welz – wie auch von Mühlmann – an die geschädigten Staaten nicht eingestellt hätte.

Französische Kunstexperten, voran Captaine Boris Lossky, starten ihre Suche im Sommer 1946, und sie haben am 18. April 1947 einen schönen Teilerfolg verbuchen können: 260 Objekte der Welz-Kollektion – Bilder, Skulpturen, Wandteppiche und altes Mobiliar – wurden nach Frankreich restituiert; überdies 16 Bilder aus Aktivitäten, die offensichtlich nicht Welz zu verantworten hatte, sondern sein Bekannter, der ebenso in Glasenbach internierte Offizier der deutschen Besatzungsarmee Heinrich Steinsky, Rechtsanwalt von Beruf, in den Jahren 1938 bis 1945 Stadtrat und Ratsherr in Linz.[81]

Wäre Evelyn Tucker früher auf den „Welz case" angesetzt

worden, könnte der US-amerikanische „Progress of the Work" volumnöser und spannender geschildert werden.[82] In Tuckers erstem Report vom 27. Oktober 1947 steht der verzwickte Satz: *„Since a great deal of the art purchases in France during the war were made by Frederic Wels (of the Wels Galerie, Salzburg) I checked Wels inventory (only a partial one) which had been furnished by Dr. [Rigobert] Funke of the Landesgalerie [Museum Carolino Augusteum], and found entries in Wels' handwriting designating the items, where purchased and to whom sold."* Tuckers Recherchen beruhten vornehmlich auf dem Inventar der Landesgalerie, das im Museum Carolino Augusteum verwahrt und für die US-Kommission ins Englische übersetzt wurde; außerdem auf dem Inventar E für Mobiliar und Teppiche im Schloss Klessheim und andernorts.

Tucker interessiert der Inventar-Vermerk „S. Klessheim". In diesem Schloss trifft Tucker den französischen Chefkommissar Bulla de Villaret. Die beiden entdecken Ölgemälde und andere Objekte (French Claim 233, Receipt F-69). Die gesicherten und restituierten drei Gemälde waren im Kriegsbesitz der Landesgalerie (Inventar-Nr. 242, 253, 254); die übrigen neun Objekte, ein Perserteppich, ein Sekretär aus Rosenholz und einige italienische und französische Spiegel und Wandtische (18. Jh. sowie Louis XVI), waren ebenfalls Kriegsbesitz der Landesgalerie (Inventar E). Im Chiemseehof und in der Residenz finden Tucker und Villaret weitere vier wertvolle Gemälde und zwei große Perserteppiche, bedauerlicherweise ohne Beschreibung und Inventar-Nummern (French Receipts F-70, F-71). Ebenso nicht zu identifizieren sind die Funde im Schloss Leopoldskron: „23 crated cases (original cases) from France, containing (when assembled) a huge Marble Mantlepiece, sice 320 x 410 m"

(French Receipt F-72). Bei dieser Suche haben österreichische Beamte der Amerikanerin nicht geholfen, dennoch manifestiert sich amerikanische Correctness in einer Notiz des Reports: „We would do everything possible to restore Austrian property to Klessheim which had been removed in the early days of the occupation". Soviel zu Tuckers Report vom 27. Oktober 1947.

Den folgenden Berichten – 6. bis 21 November 1947 – nach zu schließen, hat sich Mrs. Tucker intensiv den „Hungarian Paintings" gewidmet, die ebenso wie die große „Polish arts and books Collection", die nicht weniger als 12 Lastwagen umfasste, vom Schloss Fischhorn in das Salzburger Warehouse transferiert worden waren. Die bisher weitgehend unbeachteten, angeblich wertlosen 1.182 (!) „Hungarian paintings" beginnt Tucker mühsam zu katalogisieren. Sie kann „about 10 very fine paintings", „flemish masters", auf einem kleinen Bild sogar die Signatur „Rembrandt 1639" identifizieren. Diese riesige Kollektion, deren Ursprung damals ungeklärt war – vermutlich aus dem Museum in Györ[83] –, wurde am 7. November 1947 in die Salzburger Residenz verlagert und weiter bearbeitet.

Am 7. November 1947 besucht Tucker erstmals Altaussee: sie visitiert sowohl die bekannten Depots als auch zwei Gauleiter-Villen. Als Tucker überraschend auf holländische Meister stößt, äußert sie folgenden Verdacht: *„(...) There is a strong possibility that the above represent some of the nicer paintings bought by Frederic Wels in France during the war – many of which have not yet been recovered and are believed to be hidden by Wels, awaiting the end of the occupation, or being held for secret disposal through black market channels. Wels was released by the Americans several months ago from Camp Marcus Orr – will consider the advisability of requesting that Wels (who is living in Salzburg) be shadowed."* Dieser Verdacht ist verständlich angesichts der vielen französischen Gemälde, die nach wie vor verschollen waren. Im Fall der holländischen Meister jedoch kann Tucker den Bezug zu Welz nicht konkretisieren. Tucker wäre vielleicht bei jenen Räubern fündig geworden, die in den Reports mehrmals zitiert werden: „by the Einsatzstab Rosenberg, the Nazi international looting organization" und „by the Dienststelle Josef Muhlmann" (Kajetan und Josef Mühlmann).

Tuckers zäher Fleiß hatte zumindest punktuellen Erfolg – siehe Report vom 27. Juni bis 2. Juli 1948: Einige Kunstwerke konnten am 29. Juni 1948 nach Frankreich restituiert werden: zwei Gemälde, zwei Heiligenfiguren und ein Silberobjekt, die im Krieg „by the Dienststelle Josef Muhlmann" verschleppt und im Salzbergwerk Altausse geborgen worden waren; drei indische Teppiche sowie drei Gemälde der Landesgalerie, die dem Salzburger Arzt Lundwall verkauft worden waren (Nr. 173, 261, 270); zuletzt ein französisches Stillleben, das Welz als sein Eigentum auf die „Plünderer"-Liste gesetzt hatte, das jedoch im Kriegsbesitz der Landesgalerie war: Inventar-Nr. 433 (French Receipts F-89 bis F-92).

Im Sommer 1948 darf Tucker erstmals die Salzburger Villa Warsberg besichtigen. Hier hatten die Gauleiter Rainer und Scheel residiert, dann übernimmt die Villa – quasi als Trophäe – General Harry J. Collins, der Kommandant der 43. Infanterie-Division. Obwohl nach einem früheren Report alle hier entdeckten Kunstschätze an Frankreich ausgeliefert worden seien, findet Tucker noch einige Stücke: einen Wandteppich und vier Stühle Louis XV (Inventar E). Tucker, die irritiert und frustriert ist über ihren laxen General, scheint aber nach einigen Quereleien die Restitution bewirkt zu haben.

Ende Juni 1948 fährt Tucker nach Zell am See, ihr Ziel ist dort das Schloss Prielau: Eigentum der Witwe Hugo von Hofmannsthals, das „arisiert" worden war. Dort hatte sich während des Krieges Josef Thorak, der Monster-Bildhauer Adolf Hitlers einquartiert. Tucker begegnet der Frau Thorak, einer amerikanischen Bürgerin, die „many troubles since the end of the war" aufzählt. Offenbar hat Frau Thorak die großdeutsche Karriere ihres Mannes besser ertragen als die Tatsache, dass er nun als Nazi-Profiteur angeklagt war. Von dem Gerede ließ sich Tucker nicht irre machen: Sie informierte die französische Kommission, die das gesicherte Beutegut abholte, mit dem die „Dienststelle Dr. Mühlmann" das Schloss ausgestattet hatte.

Als Tucker im Mai 1948 vergeblich nach acht „Wels paintings" sucht, die angeblich 1945 aus dem Schloss Lichtenberg bei Saalfelden ins Warehouse gebracht worden waren, muss sie sich mit den vielen unentdeckten Bildern französischen Ursprungs beschäftigen. Diese Mühen schlagen sich nieder in einer langen Liste der U. S. Allied Commission Austria vom 15. Juni 1948: „Paintings purchased in France by Frederich Wels and not recovered to date".[84] Auf dieser Liste stehen auch jene Werke, die nach diesem Datum gefunden und rückgestellt werden konnten. Überdies hat sie einen groben Mangel: sogenannte Einrichtungen (Inventar E) und Kunstwerke, die Welz am Gemälde-Inventar vorbei jonglierte, sind nicht verzeichnet. So zieht sich die Suche der US-amerikanischen und französischen Kommissionen bis in die 50er Jahre hinein.

Pre-war Austrian property

Die Rückgabe von Kunstwerken österreichischer Herkunft war eine komplexe Prozedur, an der einige Institutionen von unterschiedlicher, sich zum Teil überschneidender Kompetenz beteiligt waren – so die U. S. Allied Commission Austria, das Amt der Salzburger Landesregierung, das Bundesdenkmalamt und verschiedene österreichische Gerichte. Die Herkunft des Kunstbesitzes stand erstmals am 21. November 1947 zur Debatte. Die Spurenfahrt geht dabei in die Salzburger Residenz, wo der Galerist Welz und Vertreter des Landes Salzburg auf das „pre-war Austrian property" spekulieren.

Tuckers Report Period - 20 Nov to 21 Nov 1947[85]

Am 21. November 1947 – after lunch – prüfen Evelyn Tucker, Friedrich Welz und zwei offizielle Vertreter des Landes im Residenz – Depot die „Wels Paintings". Diese Bezeichnung ist völlig irreführend und sagt nichts über Provenienz und Eigentumsverhältnisse aus, waren doch die Kunstwerke überwiegend im Kriegsbesitz des Reichsgaues Salzburg gewesen. Hinzu kommt noch ein weiteres und letztlich typisch österreichisches Moment. Die genannten Personen haben die „Wels paintings" nach dem ebenso irreführenden Kriterium „pre-war Austrian property" geprüft. Das heißt: Die Bilder, die Welz überwiegend in der NS-Zeit aus Privatbesitz erworben und dem Reichsgau verkauft hatte, sind in der österreichischen Version des Dokuments als „sogenannte Welz-Gemälde" und als „vorkriegs-österreichisches Eigentum" bezeichnet. Diese Zuordnung aber hatten nach Tuckers Report drei Österreicher vorgenommen: Oberregierungsrat Paul Horner als Vertreter der Salzburger Landesregierung, Rigobert Funke als Leiter des Museums sowie Friedrich Welz. Diese Männer haben der emsig protokollierenden Evelyn Tucker eine Szene vorgespielt: *„The burden of this proof was on Wels and he was harshly warned in advance by Dr. Horner that the Austrian Government would hold him strictly accountable for any false statements. Wels, most of the time, was able to prove by pre-war catalogs that the pictures were in Austria befor the war. When this was not the case Dr. Funke and / or Dr. Horner corroborated Wels assertion of pre-war Austrian ownership. In this way Austrian ownership of 150 pictures was established and subsequently released."*

Was hier unter amerikanischem Blickwinkel wahrgenommen wird, muss aus österreichischer Perspektive gedeutet werden – denn die protokollierte Szene war gute österreichische Schmierenkomödie. Zum besseren Verständnis sollen die Rollen umrissen werden: Funke war kein Doktor, auch kein Adeliger, zu dem er sich gerne stilisierte, sondern ein Zeichenlehrer, der im Gegensatz zu vielen anderen Personen im Jahr 1945 nicht politisch belastet war und deshalb Leiter des Museums Carolino Augusteum und des Salzburger Kunstvereins werden konnte – eine politische Galionsfigur, die freilich bald wieder altgedienten Nazis Platz machen musste. Der Vertreter der Landesregierung, Oberregierungsrat Horner, ist in seiner späteren Laufbahn in einen Korruptionsskandal verwickelt, bei dem es um den illegalen Verkauf landeseigener Kunstschätze geht. Das passiert wenige Jahre nach seinem Auftritt am 21. November 1947, bei dem er, noch ganz Autorität, dem Hauptakteur Friedrich Welz mit der Staatsgewalt drohte, falls dieser falsche Aussagen über

„vorkriegs-österreichisches Eigentum" mache - was schlicht Theaterdonner gewesen ist: Wenn Friedrich Welz, der über die Herkunft ganz genau Bescheid wusste, den Zweifelnden mimte, sprangen ihm Funke und Horner bei; sie bekräftigten, dass es sich um „vorkriegs-österreichische Eigentum" handle - so etwa bei Egon Schieles *Wally von Krumau*, bei jenem Bild, das Welz der verfolgten Eigentümerin Lea Jaray um 200 Reichsmark abgenötigt und als Tauschobjekt am 14. April 1944 in das Inventar der Landesgalerie eingetragen hatte; oder bei Max Slevogts *Bildnis eines Herrn* (= Jakob Wassermann), das aus der „arisierten" Ausseer Villa Wassermann stammt, die der Berliner Galerist Hinrichsen usurpiert hatte.

Funke und Horner waren zweifellos Mitwisser. Beide wussten – und verschwiegen –, dass Wesentliches fehlte: nämlich Herkunftsangaben und Eigentumsnachweise. Ein Komplott also, bei dem die Herren, die über ihre wechselseitige Erpressbarkeit nur zu gut Bescheid wussten, die privaten und öffentlichen Claims absteckten. Welz sollte vorerst 23 Bilder erhalten, die allerdings wegen ungeklärter Ansprüche erst später freigegeben wurden. Doch schon am 24. November 1947 konnte die US-Kommission ein größeres Kontingent freigeben, das in die Jurisdiktion der Landesregierung fiel.[86] Die 150 als „vorkriegs-österreichisches Eigentum" reklamierten Kunstwerke haben im Verzeichnis vom 24. November 1947 ausschließlich Inventar-Nummern der Landesgalerie.

Die Prüfung anhand des Inventars ergibt, dass etwa 20 Werke in der Übergabe-Liste fehlen. Von diesen Lücken sind einige erklärbar: es fehlen die Bilder, die die Erben nach Heinrich Rieger beanspruchten, und einige Bilder, die erst später dem Land Salzburg übergeben werden konnten. Es bleiben nach wie vor

Lücken in der Liste vom 24. November 1947: Bilder, die anscheinend niemand vermisste, verschollen sind oder verborgen wurden: Enders *Loferer Steinberge*, Führichs *Wolfgangsee*, Makarts *Pest in Florenz*, Rottmayrs *Beweinung Christi*, Neders *Pfändung einer Schafherde*, Faistauers *Schloss Saalhof in Maishofen* (1944 im Dorotheum ersteigert) sowie *Antwerpen* eines unbekannten österreichischen Malers (Herkunft Palais Sztucki Warschau 1939). Über 40 Werke einschließlich einer Serie Kupferstiche scheinen auf der Liste vom 24. November 1947 zwar auf, jedoch mit dem lakonischen Vermerk „unknown", das heißt Standort unbekannt: beispielsweise Klimts *Unterach am Attersee* (aus der Sammlung Zuckerkandl) und Boeckls *Stillleben* (Herkunft unbekannt).

Demnach konnte die US-Kommission dem Land Salzburg nur etwa 115 Kunstwerke übergeben. Deren Vorbesitzer waren der Amerikanerin Tucker allerdings ebenso verheimlicht worden wie jene der annähernd 50 Werke, die anscheinend verschollen sind oder an unbekannte Orte verbracht wurden. Doch der Kriminalfall wird noch spannender und verworrener!

Tuckers Report Period 27 June to 2 July 48[87]

Dem ersten Kontingent an Bildern, das am 24. November 1947 freigegeben wurde, folgt – nach Tuckers Vorarbeit – am 6. August 1948 ein weiteres, das näher betrachtet werden soll.[88] Hervorstechender Unterschied zum ersten Kontingent ist, dass hier keine einzige Nummer der Landesgalerie vermerkt ist, sondern lediglich die Laufnummern 1 bis 82 – eine besondere Finte, wofür ebenfalls Friedrich Welz und die Landesregierung verantwortlich zeichnen. Auch diese 82 Werke und dann einige mehr – sogenannte Problemfälle – hatte die US-Kommission der Jurisdiktion der Landesregierung überstellt.

Laufnummern 1 bis 23:

Am 21. November 1947 hatte Welz expressis verbis nur diese 23 Bilder beansprucht, die merkwürdigerweise nicht auf seiner Liste vom 15. September 1945 stehen, auf der jene „geplünderten" Kunstwerke und Bücher vermerkt sind, die Welz als sein Eigentum erklärt hatte. An den 23 Bildern einschließlich der vier Schiele, „which Wels claims personally", zeigte Tucker wenig Interesse. Das ist bedauerlich, aber auch verständlich, denn Tucker konnte über den Vorbesitzer der vier Schiele-Bilder nichts wissen – schließlich gab es keinen Werkkatalog, und Welz, der als einziger imstande gewesen wäre, sie zuzuordnen, hüllte sich in Schweigen. Tucker jedenfalls verlangte keinen Nachweis des Besitzanspruches, aber sie bestand darauf, dass die Landesregierung die Bilder dem Galeristen erst dann aushändigt, wenn der laufende Anspruch der Erben nach Heinrich Rieger erfüllt worden sei. Das macht die Nummern-Serie 1 bis 23 zum gesonderten Fall.

Laufnummern 24 bis 82:

Bei diesem Sammelsurium oder Mischsystem zeigt sich wiederum die verworrene Verwicklung des Landes und der Galerie Welz. Acht Bilder sind als Kriegsbesitz der Landesgalerie zu identifizieren: zum Beispiel Sattlers *Dreifaltigkeitsgasse* und Spitzwegs *Festung Hohensalzburg* (Verkäufer Kajetan Mühlmann). 24 Bilder sind auf der Beschlagnahme-Liste vom 15. September 1945 zu finden: zum Beispiel Appians *Landschaft mit Bäumen und Teich* und Schindlers *Gemüsegarten*. 27 Bilder sind weder im Inventar der Landesgalerie noch in der „Plünderer"-Liste von Welz zu entdecken. Demnach müssten sie quasi herrenloses Gut sein. Welz, der auch hier den Bescheidenen herauskehrte, ließ sich von der Landesregierung decken, die den Großteil des verworrenen Konvoluts vor fremden Ansprüchen schützte – Kunstwäsche. Die tatsächliche Zuordnung und Identifikation der Bilder ist allerdings äußerst schwierig: etwa bei zwei Skizzen von Delacroix – ein französischer Anspruch in den 50er Jahren – und bei Dobrowskys *Porträt einer Dame* – ein Anspruch der Erben nach Heinrich Rieger auf ein Bild gleichen Titels.

Die Übergabe-Liste vom 6. August 1948 hat keine Lücken, die auf fehlende Kunstwerke schließen lassen. In Tuckers letztem Report finden sich aber über die genannten 82 Laufnummern hinaus einige Problemfälle, die Tucker noch lösen wollte. Dabei suchte die Frau, trotz der abgefeimten Praktiken ihrer Kontrahenten, niemals das Fair-Play zu verletzen. Im Konkreten ging es um Werke, auf die sowohl von Welz als auch von Holland Ansprüche erhoben wurden. Daher forderte Tucker Beweise für den Kauf vor dem Krieg bzw. während der deutschen Besatzung – in Verdacht standen das Dorotheum (Hans Herbst) und die Dienststelle Mühlmann. „Dutch Claims Nos. 101 and 116" waren Streitfälle, die überwiegend zugunsten von Friedrich Welz entschieden wurden. Dafür war die Argumentation, die Welz in seinem Brief vom 23. Juni 1948 an Otto Demus vom Bundesdenkmalamt ventilierte, sicherlich ausschlaggebend: Welz bat um Hilfe für die Freigabe „meines Kunstbesitzes" und berührte dabei ebenso gezielt wie gekonnt den national-österrreichischen Nerv: „Es besteht nicht der leiseste Zweifel, daß die Forderung der Holländer jeder Grundlage entbehrt und die Auslieferung dieser Kunstwerke eine weitere Schmälerung österreichischen Kunstbesitzes bedeuten würde."[89]

Ein Bild – *Porträt der Hendrickje Stoffels* im Bett, Ferdinand Bol zugeschrieben –, das Welz als „vorkriegs-österreichisches Eigentum" ausgehändigt bekommt, hat er, gemeinsam mit anderen, im Jahr 1949 in seiner Galerie ausgestellt: „Holländische Meister des 16. und 17. Jahrhunderts". Lediglich ein Bild musste an Holland restituiert werden: B. C. Cuyps *Vertreibung der Geldwechsler* – ein Bild, das Hans Herbst aus dem besetzten Holland geholt und Welz für 8.050 Reichsmark gekauft hatte. Seine weiteren Käufe im Dorotheum, im Welz-Journal ebenso unter 6/47 eingetragen, sind in den Beschlagnahme-Listen nicht zu finden: J. M. Molenaers Letzter *Augenblick* und Adrian de Gryffs *Jagdstillleben*. Ein anderes Bild steht in der Liste vom 15. September 1945, konnte aber nicht lokalisiert werden: *Bauernfamilie*, Holland 17. Jahrhundert. Tatsächlich suchte Holland ein Gemälde aus dem 17. Jahrhundert unter dem Titel *De Ruyter Family*; Evelyn Tucker glaubte auch, es in einem lokalisierten holländischen Familienporträt zu erkennen – ist aber dann einer gezielten Desinformation aufgesessen: „Wels does not know this painting by the name of the *De Ruyter Family* and Dr. Funke could not find the painting so no decision was made."

Dubios bleiben auch die restlichen Fälle. Welz hat Tucker sein Programm „Weihnachten 1938" gezeigt, um ihr zu beweisen, dass das Bild *Heiliger Hieronymus* des Holländers Jan van Hemessen als „vorkriegs-österreichisches Eigentum" zu gelten hätte. Weiters behauptet Welz, dass Baron Waldenau das Gemälde in der Wiener Galerie St. Lucas gekauft und im Jahr

1937 (!) an ihn weiterverkauft hätte. Mit dieser Geschichte war für Tucker auch dieser Streifall beendet. Doch in der Betriebsprüfung des Jahres 1943 werden acht Bilder einschließlich *Heiliger Hieronymus* zitiert, die nur 655 Reichsmark gekostet und ein und dieselbe Herkunft haben: „Mandl, Wien". Die Anschaffungspreise, so der Betriebsprüfer weiter, „entnahmen wir der uns aus dem Wiener Geschäft besorgten Liste vom 29. Juni 1938, soweit sie die Bilder aus der Übernahme einer Gemäldesammlung von Max Mandl-Maldenau [sic!] betreffen."[90] Ein Bild aus der Sammlung Mandl hat Welz für 3.000 Reichsmark verkauft: *Trinkender Knabe* von Saftleven. Die vermutlich wertvolle Sammlung muss noch identifiziert werden.

Fragwürdig ist auch die Herkunft eines Bildes, das Tucker in ihrem letzten Report so beschreibt: „Francisco de Goya y Lucientes, Two Monkeys in Gendarmerie Uniform Riding on Dogs, with a Monkey Prisoner", und von dem sie die folgende Provenienz ermittelt: „Stamp on rear of painting: ‚Haus fuer Alte Kunst Albert Loevenich Am Hof 53 Koeln'. Wels says Loevenich brought to him during the war and asked him to store it where it would be safe from air-raids." Bei diesem Bild wird in der Liste vom 15. September 1945 vermerkt: „not personal property" – und das will besagen, dass das Bild nicht das Eigentum von Welz gewesen ist. Aber wer hat es nach dieser Prozedur bekommen: Welz oder jener Albert Loevenich? Das verrät uns kein Dokument. Welz soll ja noch zwei weitere Bilder von Albert Loevenich übernommen oder gekauft haben: Makarts *Pest in Florenz*, für 18.000 Reichmark an die Landesgalerie verkauft, und Heemskercks *Interieur*, für 3.000 Reichsmark an Laubinger (?) verkauft. Im Dunkeln liegt die Provinienz der drei Bilder, denn jener Albert Loevenich wird wohl nur ein Zwischenhändler gewesen sein, der bisher nur vage identifiziert werden kann: Ein Vertreter Albert Lövenich scheint zwar in Kölner Adressbüchern der Kriegs- und Nachkriegsjahre auf, jedoch nicht ein „Haus für Alte Kunst"; auch zum Wallraf-Richartz-Museum soll dazu keine Verbindung bestehen.[91]

Aus dem Sammelsurium der Laufnummern hatte Welz am 21. November 1947 nur 23 Bilder beansprucht – „which Wels claims personally" –, kein einziges das Land Salzburg, obwohl acht Bilder aus dem Kriegsbesitz des Reichsgaues kommen. Holland hat vermutlich nur ein Bild erhalten. Frankreich will erst in den 50er Jahren einige Kunstwerke dieser Serie zurückhaben. Bei vier Schiele-Bildern wird der Vorbesitzer Heinrich Rieger erst Jahrzehnte später durch einen Werkkatalog bekannt; vier Dobrowsky-Bilder, die vermutlich dieselbe Herkunft haben, müssen mangels eines Werkkataloges so gut wie abgeschrieben werden. Doch verdunkelt ist die Herkunft vieler Kunstwerke, die von den zahlreichen amerikanischen Reports und Schedules registriert und der Landesregierung übergeben werden. Und wenn dann der Blick noch auf die Bilder fällt, die gar nicht beschlagnahmt worden waren, somit auch in keiner Übergabe-Liste stehen, erliegt man dem Zwang zur Einschränkung: Faistauers *Blumenstrauß* und *Atelierausblick*, Waldmüllers *Kirche in Hallstatt*, Lovis Corinths *Frauenporträt* und Klimts *Dame in Weiß* – eine Auswahl jener Bilder, die Evelyn Tucker nie zu Gesicht bekommen hat.

Im Juli 1948 beendet Mrs. Evelyn Tucker den „Wels case" unter „Summary":

„In as much as the ‚Wels case' has been the most complicated fine arts case which this headquarters has had to clear, and more fine arts have been taken from Wels for restitution that from any other single individual in the US Zone of Austria, the following letter from Wels is quoted for the record (and not for any personal praise). Wels no longer seems to feel the bitterness which was apparent when we started winding up this case last November (see my report dated 20 Nov 47):

Salzburg 30 June 1948
Dear Miss Tucker:
May I thank you once more for dissolving my case in such a correct way and with such speed I never could really expect. I appreciate it highly how you worked out the utmost certainly about the ownership of the different paintings. No one else could have done it in a better way and no one would have spent so much time and care to clear everything.

It is a great relief to me that together with my property I will get back a piece of my good reputation. And what's more: I do hope that in your eyes I seem to be a honest man who is not able to do looting and incorrect things.

I badly want to show a little bit of my appreciation and ask you therefore to accept the enclosed little present as a token of my gratefulness.

Yours very sincerely, Frederick Wels

The foregoing letter was delivered to me at the Oesterreicherhof, Wednesday night, at 11 PM, and I left Salzburg at 8 the next morning for Linz. The ‚gift' is a small evening bag and will be returned to Mr. Wels the next time I am in Salzburg." (Evelyn Tucker, Field Report Period 27 June to 2 July 48)

Am 15. August 1948, eineinhalb Monate nach dem schmalzigen Dankeswort, beschwert sich Welz beim Bundesdenkmalamt, dass ein Gobelin, den er anno 1940 von einem österreichischen Staatsbürger in Prag gekauft haben will, verschwunden sei

– „wie vieles von meinem anderen Eigentum".[92] Es dürfte sich um jenen Teppich handeln, dessen Identität Tucker im April 1948 nicht verifizieren hatte können, wobei sie unmissverständlich gesagt hatte, dass viele Wandteppiche, die Welz aus Paris geholt habe, noch nicht aufgetaucht seien. Kaum war Tucker außer Reichweite, hat der „honest man" sein altes Spiel getrieben.

The private home of Mr. Welz at St. Gilgen

Der Offizier Morrie S. Grinbarg, der von Welz als Plünderer verleumdet wurde, ist in das Privathaus von Friedrich Welz nicht eingedrungen, um sich an dessen Eigentum zu vergreifen, sondern um die Kunstwerke französischer und jüdischer Herkunft zu beschlagnahmen, die Welz hier deponiert hatte. Mit einem aber lag Grinbarg falsch: er titulierte das Haus als „the private home of Mr. Welz", nicht ahnend, dass er es mit dem Objekt einer „Arisierung", eines Raubes, zu tun hatte.

Auch die vorliegenden österreichischen Akten registrieren das von Welz verbreitete Gerücht und die damit konforme Aussage eines ungenannten Zeugen – von Welz oder dessen Frau – am 22. September 1945: Im September 1945 seien ein Rechtsanwalt – das ist Christian Plath, ein Mitarbeiter des Salzburger Museums – und Oblt. Greenhorn [sic!] in die versiegelten Räume der Villa Steinreich, „ehem. jüdischer Besitz", eingedrungen; sie hätten das Inventar, wertvollen Besitz der Landesgalerie, Privatbesitz des Herrn Welz sowie persönliche Dinge wie Damenstrümpfe mittels zweier Lastwagen verlagert und „sich auch einige Gegenstände angeeignet".[93] In diesem Protokoll verschmelzen Steinreich und Welz zu einer Opfer-Identität. Doch Welz verhält sich – gleich nach seiner Entlassung aus dem Internierungslager – offensiv. Er schickt am 19. Mai 1947 aus „Salzburg Austria Europe" eine weitschweifige Selbstdarstellung an Herrn Leopold Steinreich in New York. Steinreich erwidert knapp am 3. Juli 1947. Aus den beiden Briefen seien einige Passagen zitiert:

„Sehr geehrter Herr Steinreich!
Es ist mir ein aufrichtiges Bedürfnis, Ihnen und Ihrer sehr geehrten Frau Gemahlin Aufschluß zu geben über die Umstände, unter welchen ich im Jahre 1940, gemeinsam mit Herrn Dipl. Kaufmann Raimund Hummer, Ihr Haus in St. Gilgen übernahm. Das Schicksal hat es mir verwehrt, schon früher mit Ihnen in Verbindung zu treten und meinen Regungen nachzugeben, zuerst durch die Verhältnisse des Krieges und nach dem Zusammenbruch des Dritten Reiches durch meine fast zweijährige Haft, die ich aufgrund von Verleumdungen und falschen Denunzierungen zu erleiden hatte. Ich bin nun seit kurzem rehabilitiert entlassen worden und beeile mich, eine moralische Pflicht nachzuholen, indem ich Ihnen die Umstände der Übernahme Ihres Hauses klar lege und gleichzeitig Ihr Verständnis für mein Handeln erbitte. [...] Ich würde übrigens nicht einen Augenblick zögern, Ihnen jene Gegenstände, die aus Ihrem Besitz stammen, sofort zurückzustellen. Rund die Hälfte jener Einrichtungsstücke hat szt. Herr Hummer gelegentlich seines Ausscheidens aus dem Besitzrecht des Hauses im Jahre 1943, welches jedoch grundbücherlich nicht durchgeführt wurde, übernommen [...]. Im Herbst 1945 ist das Haus aufgrund eines amerik. Beschlagnahmebefehls nach meiner Verhaftung von dem amerik. 1st Lieutenant Greenborg [recte Grinbarg] gemeinsam mit dem österr. Staatsbürger Dr. Plath ausgeräumt worden. Auf dem Weg von St. Gilgen nach Salzburg ins amerik. Warehouse sind eine Reihe von Wertgegenständen (Gemälde, Kunst aller Art, eine wissenschaftl. Bibliothek, Pelzmäntel, Kleider und Wäsche meiner Frau u.s.f.) verschwunden, die unauffindbar blieben. [...] Die einzigen Stücke aus Ihrem Besitz sind zwei Fotografien (eines vermutlich Ihr Portrait, eines das Ihrer Frau Tochter als 3-4jähriges Kind), die meine Frau die Jahre über bewahrte und mit ihren

persönlichen Erinnerungen aus dem Hause mitnahm. Diese beiden Fotos erlaube ich mir, Ihnen mit separater Post zurückzusenden, da ich annehme, daß Sie wertvolle Andenken für Sie darstellen. Wollen Sie und Ihre Frau Gemahlin, bitte, aus diesem kleinen Zeichen meiner und meiner Frau Pietät ersehen, daß mich weder rassische noch politische oder skrupellose gewinnsüchtige Gründe bei meinen Handlungen geleitet haben. [...] Genehmigen Sie, bitte, den Ausdruck meiner vorzügl. Hochachtung. Friedrich Welz"[94]

„Lieber Herr Welz,
ich danke Ihnen bestens für Ihren lieben Brief v. 19. Mai und die von Ihnen eingesandten Photos, die ich inzwischen erhielt. Ich habe nicht nur mein Hab und Gut durch Diebstahl verloren, aber was viel wichtiger ist, meine liebe Mutter starb im Konzentrationslager, und meine Schwester, Schwager, Schwägerin, Nichte, Onkels, Tanten und Cousins wurden alle vergast. Sie waren alle besonders anständige und korrekte Menschen, die den Untermenschen zum Opfer gefallen sind. Es ist deshalb sehr erfreulich, wenn man einen solchen Brief wie den Ihrigen bekommt. [...] Mit den besten Grüßen bin ich Ihr Leopold Steinreich."[95]

Leopold Steinreich, 1938 noch österreichischer Staatsbürger, kommt im August 1947 „auf der Durchreise" nach Salzburg, um mit Hilfe eines Rechtsanwaltes das in Besitz zu nehmen, was ihm und seiner Frau Gertrude nach dem Verlust ihrer Familien noch übrig geblieben war: ihr Grundstück, ihr Haus und dessen Inventar. Eigentümerin war seit dem Jahr 1931 Frau Gertrude Steinreich (laut Grundbuch St. Gilgen).

Am 21. Jänner 1948 entscheidet die Rückstellungskommission beim Landesgericht Salzburg (Teilerkenntnis RK 70/47):

1. Friedrich Welz und Raimund Hummer seien schuldig, der Eigentümerin Frau Gertrude Steinreich die Liegenschaft Haus Nr. 213 in St. Gilgen samt Zubehör zurückzustellen. 2. Welz und Hummer müssten beeiden, was ihnen über den Verbleib des fehlenden Inventars bekannt sei. 3. Frau Gertrude Steinreich sei schuldig, Welz und Hummer 17.248 Schilling und 36 Groschen (= Hypothek) bei sonstiger Zwangsfolge zu bezahlen. Die Kommission bemerkte noch, dass die 1938 beschlagnahmte Liegenschaft samt Inventar am 7. Dezember 1940 an Welz und Hummer zum Preis von Reichsmark 36.340 (= ÖS 54.510 nach der Relation von 1938) verkauft und davon ein Betrag (S 17.248,36) zur Tilgung der Hypothek verwendet worden sei, weiters, dass Hummer im Jahr 1943 seine Haushälfte gegen Inventarstücke aus dem Haus ohne Rechtsgültigkeit getauscht habe. Das Gericht wollte über die strittigen Ansprüche später entscheiden (leider ist das Enderkenntnis nicht archiviert): Die Eigentümerin verlangte Kosten für das verschwundene Inventar und die Nutzung des Hauses (ÖS 14.500). Welz forderte hingegen Kosten für „Aufwendungen" (ÖS 11.000).[96]

Im Hinblick auf das unabhängig vom Restitutionsverfahren laufende Strafverfahren gegen Friedrich Welz wird festgehalten: Die Geheime Staatspolizei (SS) beschlagnahmte im März 1938 die Villa Steinreich unter dem Titel „feindliches Vermögen". Das Raubgut wurde von Josef Schwarzenbrunner „kommissarisch verwaltet". SS-Hauptsturmführer Leo Krainer, der Adjutant des Gauleiters Rainer, trat von seiner Bewerbung zurück; er machte Platz für das Duo Hummer und Welz, Mitglieder der NSDAP und der Nordischen Gesellschaft – Hummer war im Beirat, Gauleiter Rainer war der Vorsitzende. Das Arrangement Ende 1940 fällt zeitlich mit dem Auftrag des Gauleiters zusammen, Schloss Klessheim, das „Gästehaus des Führers", mit Kunstschätzen aus dem besetzen Frankreich zu schmücken – der Auftrag des Gauleiters befindet sich in der Akte Welz.[97]

Der „Kaufvertrag" vom 7. Dezember 1940, der zwischen dem „kommissarischen Verwalter" und den Käufern Welz und Hummer abgeschlossen worden war, dokumentiert, dass die Liegenschaft das Eigentum der Jüdin „Sara" Steinreich war und dass der „kommissarische Verwalter" vom „Reichskommissar für die Behandlung feindlichen Vermögens" zum Verkauf ermächtigt worden ist. Überdies mussten gemäß nationalsozialistischer Anordnung die Käufer Welz und Hummer dem Oberlandesgericht Innsbruck, das die Unterschriften beglaubigte, mitteilen, dass die „Verkäuferin" Jüdin sei. Welz und Hummer wussten demnach, dass der „Verkauf" nicht im Willen der vertriebenen Eigentümerin lag, was das Salzburger Restitutionsgericht am 21. Jänner 1948 explizit bestätigt. Weiters zahlten Hummer und Welz den geringen Schätzwert für das „feindliche" Vermögen an die Preußische Staatsbank, nicht an die Eigentümerin. Vorhandenes Inventar nahm sich Kompagnon Hummer, der dafür seine Haushälfte an Welz abtrat (im Grundbuch nicht eingetragen; das geschätzte Inventar war lediglich ein Zehntel der geschätzten Haushälfte wert). [98]

Das Salzburger Restitutionsgericht hielt es für unzweifelhaft, dass das Vermögen der Jüdin Gertrude Steinreich im Zusammenhang mit der nationalsozialistischen Machtübernahme „entzogen" worden war. Dieses Gericht wollte aber nicht über die Frage entscheiden, ob Welz und Hummer die damalige politische Lage, vor allem ihre politischen Beziehungen und Funktionen für ihr „Rechtsgeschäft" ausgenutzt und sich dabei auch missbräuchlich bereichert hätten. Das war aber der springende

Punkt im Strafverfahren der Staatsanwaltschaft Linz, die sich zwar – pro forma – auf den Rückstellungsakt RK 70/47 bezieht, inhaltlich jedoch die staatspolizeiliche Vernehmung des Beschuldigten Welz vom 31. Juli 1947 verwertet.[99] Aus dieser Vernehmung suchte sich der Staatsanwalt die relevante Aussage von Welz – und zwar dessen Version der „Sach- und Beweislage":
„Im Falle der Villa Steinreich kann ebenfalls auf die Korrespondenz verwiesen werden, die zwischen mir und Herrn Steinreich geführt wurde. Aus dieser geht ebenfalls klar hervor, daß von einer Ausnützung der Lage nicht gesprochen werden kann." [100]

Die Einstellung des Strafverfahrens im Jahr 1950 verdankt Friedrich Welz der juristischen Spitzfindigkeit der Staatsanwaltschaft, zu guter Letzt aber seiner Version der „Sach- und Beweislage", die darin bestanden hat, Gewalt, Rechtsbruch, Raffgier und Schuld den Zeitumständen anzulasten, so selbst in die Rolle eines „Opfers" zu schlüpfen und dabei die Erinnerung an die tatsächlichen Opfer durch geheucheltes Mitgefühl zu schänden – kurz, alle Register jener „Banalität des Bösen" zu ziehen, wie sie auch im nächsten Kapitel uns personifiziert gegenübertritt.

Galerie Würthle: Jaray - Welz - Jaray

Friedrich Welz schreibt am 5. Juni 1947 an Lea Jaray in London:
„Erst vor wenigen Wochen bin ich aus einer fast zweijährigen Haft entlassen worden, die eine unvorstellbare Leidenszeit für meine Familie und mich vorerst zum Abschluß brachte. Ich darf zu meiner Genugtuung sagen, daß ich nach gehöriger Überprüfung in allen Ehren entlassen wurde und daß nun meine Heimat daran ist, mich wieder in die bürgerlichen Rechte einzusetzen, die ich aufgrund meiner aufopfernden Tätigkeit für die kulturellen Belange meiner Heimatstadt erworben hatte. Wenn dies auch ein geringer Ersatz für die Einbußen ist, die ich erlitten habe (ich wurde geplündert und beraubt), so ist doch der moralische Impuls groß genug, um mich für die Zukunft doch wieder etwas Hoffnung schöpfen zu lassen und von Neuem ein Leben zu beginnen, daß vielleicht wert ist, für die Ideale zu streiten, für die ich bereits ein halbes Leben geopfert habe. Daß der Geist Ihres szt. Unternehmens in Wien von mir immer hoch gehalten wurde, wird ja inzwischen zu Ihren Ohren gedrungen sein." [101]

Mit den staatspolizeilichen Erhebungen über Friedrich Welz vom 28. August 1947 schickte die Salzburger Bundespolizei der Staatsanwaltschaft in Linz die Akte „im Falle der angeblichen Arisierung" der Wiener Galerie Würthle. Diese Akte – oder österreichisch: „der Arisierungsakt" der NS-Vermögensverkehrsstelle (Zl. 2411/Ha. aus der Registratur des Bundesministeriums für Vermögenssicherung und Wirtschaftsplanung) – hat sich auf das Strafverfahren gegen Friedrich Welz in keiner Weise ausgewirkt, denn dieses Strafverfahren ist, wie erwähnt, im Jänner 1950 eingestellt worden. In der Zwischenzeit hatte das Landesgericht für Zivilrechtssachen in Wien den besagten Arisierungsakt, den es für das Rückstellungsverfahren benötigt hätte, zweimal angefordert – ohne ihn zu erhalten.[102]

Etliche Restitutionsakten des Wiener Landesgerichtes wurden vernichtet; nur Bruchstücke sind im Wiener Stadt- und Landesarchiv zu finden: die Anmeldung des entzogenen Vermögens der vertriebenen Jüdin Lea Jaray sowie die Erkenntnisse der Wiener Rückstellungskommission, letztere bedauerlicherweise ohne die darin zitierten Protokolle der Zeugen Friedrich Welz, Lea Jaray und Luise Kremlacek, der „Frau Luise", die über alle politischen Brüche hinweg Geschäftsführerin gewesen ist: vor 1938 unter Lea Jaray; dann unter Welz, als die „Wiener Filiale" der Umschlagplatz jüdischer Kunstsammlungen war; und nach 1945 überdies in Gestalt einer öffentlichen Verwalterin der Galerie Würthle, Wien I., Weihburggasse 9.

Die Republik hatte zwar die NS-Gesetze und somit die Rechtsbrüche für ungültig erklärt, jedoch im Falle der Restitution privater Vermögen die Anmeldungspflicht und die Beweislast den Vertriebenen bzw. den Erben der Ermordeten übertragen, und das mit äußerst knapp bemessener Frist - Anmeldung innerhalb zweier Monate nach Inkrafttreten der Vermögensentziehungs-Anmeldungsverordnung.

Am 6. November 1946 reicht die Verwalterin Kremlacek die von ihr signierte „Anmeldung entzogener Vermögen" beim Magistrat ein, beauftragt sicherlich von Lea Jaray und nicht von Friedrich Welz, „derzeit Lager Glasenbach".[103] Die auf dem Formular abgedruckte Verordnung (VEAV) schließt Verkäufe nach freier Willensübereinstimmung der Vertragspartner von der Meldepflicht aus – was bemerkenswert ist, da Frau Kremlacek als Zeugin von Welz in dessen Strafsache den Vermögensentzug als normales Rechtsgeschäft mit Kaufvertrag deutet, während in ihrer Anmeldung vom November 1946 die neutrale Aussage zu lesen ist: „Verkauf lt. Gedenkprotokoll vom 3. April 1938". Mehr als das „Gedenkprotokoll" scheint nicht vorhanden gewesen zu sein, denn selbst die nationalsozialistische Betriebsprüfung der Galerie Welz vermerkt im Punkt „Übernahme des Wiener Geschäftes": Es sei kein schriftlicher Vertrag geschlossen, sondern eine mündliche Vereinbarung getroffen worden, über die nur ein Gedenkprotokoll vorliege.

Wie so viele Dokumente liegt auch das Gedenkprotokoll nur in einer Abschrift vor. Daher ist das Protokoll auch nicht unterzeichnet. Verfasst hat es sicherlich Friedrich Welz, denn er macht „zur Unterstützung meines Gedächtnisses" Ing. Karl Gerstmayer – seinen Cousin! – als Zeugen jenes Vorganges namhaft, wie es sich am 3. April 1938 abgespielt habe.[104] Das kann bedeuten, dass Welz diesen Vorgang erst später protokolliert, in seinem Sinn gedeutet hat. Jedenfalls hat nach dieser Version Welz das Unternehmen samt den Kunstgegenständen, Bildern, Zeichnungen und Radierungen, zum Preis von 13.350 Reichsmark gekauft (= ÖS 20.025 nach der Relation von 1938). Der im Protokoll erwähnte Anhang mit dem Inventar ist leider nicht vorhanden, und man kann davon ausgehen, dass ihn auch der Rechtsvertreter von Lea Jaray nicht gekannt hat, sonst hätte er die Ansprüche auf Kunstwerke konkretisiert. Man muss annehmen, dass Welz den Anhang des Gedenkprotokolls, das ihm als Eigentumsnachweis diente, den Behörden, die eine Abschrift anfertigten, nicht vorgelegt hat. Auch Frau Kremlacek geht in ihrer Anmeldung nicht auf konkrete Details des Warenbestandes ein und macht nur allgemeine Bemerkungen zur Kaufsumme: *„Laut Gedenkprotokoll vom 3. April 1938 RM*

13.350,--. *In diesem Betrag waren seinerzeit nur die Warenbestände samt Geschäftslokal, ohne Kasse, Postsparkasse, Forderungen und Verbindlichkeiten inbegriffen. Auf Grund der Buchführung der Firma Friedrich Welz, Wien I., Weihburggasse 9, geht die Bezahlung der Kaufsumme mit nur RM 10.200,-- hervor. Angeblich sollen RM 3.150,-- von Frau Bondi-Jaray einvernehmlich erlassen worden sein."*

In der zum 31. Dezember 1937 erstellten Bilanz der Galerie Würthle wird der Wert der Warenbestandes mit ÖS 18.242,09 angegeben (1938 RM 12.160,--).[105] Der Gesamtwert des damals nicht geschätzten Unternehmens, des Anlage- und Umlaufvermögens, lag ohne Zweifel darüber: Welz hat also bestenfalls den Warenbestand bezahlt. In seinem Brief an Lea Jaray vom 5. Juni 1947 behauptet er:

„Ich würde in jedem Falle gerne mit Ihnen ein Arrangement treffen, welches den Rechtsweg ausschließt, da wir ja auch im Jahre 1938 einen freundschaftlichen Vertrag schlossen, der die Zwangsmaßnahmen der damaligen Machthaber nur insoferne berührte, als Sie gezwungen waren, das Land zu verlassen. Sie werden sich sicher noch der nachträglichen Herabsetzung des Übernahmepreises auf etwa die Hälfte des vereinbarten Betrages erinnern, die ich aber unter Hinweis auf den bereits mit Ihnen abgeschlossenen rechtsgültigen Vertrag ablehnte. Sie müssen mir also loyalerweise zubilligen, daß ich Ihnen ein fairer Partner war. Ich hätte es ja auch jetzt gerne gesehen, wenn Sie, so wie im Jahre 1938, wieder an mich mit Ihren Vorschlägen herangetreten wären, ohne dazu staatliche Stellen in Anspruch zu nehmen." [106]

Darauf antwortet Frau Jaray am 5. Juli 1947, dass sie nichts von einer Herabsetzung des Kaufpreises gehört und Rechtsanwalt Hunna mit der Sache betraut habe.[107]

Jarays Rechtsvertreter, der Wiener Anwalt Emerich Hunna, schickte am 4. Dezember 1947 der Wiener Polizeidirektion folgende Sachverhaltsdarstellung:

„In Vertretung der Frau Jaray, London, W1, 18, Grosvenor Street, beantworte ich die an mich gerichteten Fragen auf Grund der mir bisher durch meine Mandantin erteilten Informationen wie folgt: Frau Lea Jaray war am 13. 3. 1938 Alleineigentümerin der Kunsthandlung Würthle & Sohn Nachf. jetzt Galerie Friedrich Welz, Wien I, Weihburggasse 9. Ihr Rückstellungsanspruch auf Grund des dritten Rückstellungsgesetzes geht auf Rückstellung dieses Unternehmens mit allen dazu gehörigen Berichtigungen und den Erträgnissen seit 1. 4. 1938. Als Kaufpreis waren RM 13.350,- vereinbart, die in folgender Weise bezahlt werden sollten: RM 3.350,- sofort, die restlichen RM 10.000,- in Monatsraten à RM 700,-, bei Barzahlung statt RM 10.000,- nur RM 8.650,-. Tatsächlich ausbezahlt wurde nur ein kleiner Teil des vereinbarten Kaufpreises; genaue Unterlagen hierüber liegen infolge der Emigration von Frau Jaray nicht vor. Nachweise der geleisteten Zahlungen wird im Rückstellungsverfahren Herrn Friedrich Welz obliegen. Zum Abschluß des Kaufvertrages wurde von Herrn Friedrich Welz nach meiner bisherigen Information kein unmittelbarer Zwang auf Frau Jaray ausgeübt. Der vereinbarte Kaufpreis war aber dem Wert des Unternehmens, auch wenn er voll bezahlt worden wäre, nicht angemessen und nur durch die allgemeine Zwangslage bedingt, in der sich die Verkäuferin damals als Jüdin befand. [...]" [108]

Die Rückstellungskommission beim Wiener Landesgericht für Zivilrechtssachen erklärte im Teilerkenntnis vom 17. März 1948 den Antragsgegner Friedrich Welz für schuldig, das Unternehmen an Lea Jaray, die als Jüdin rassisch verfolgt war, zurückzustellen. In der Begründung heißt es: „Sie mußte daher am 3. 4. 1938 das Unternehmen um 13.350,- RM, den Wert des Warenlagers allein, an den Gegner verkaufen. Auch der geringe Kaufpreis ist der Antragstellerin nicht zur Gänze zugekommen."[109]

Welz hat also das gesamte Unternehmen gekauft, aber nicht einmal den Preis gezahlt, der dem Wert des Warenbestandes entsprochen hatte. Doch statt Welz wegen Betruges anzuzeigen, soll Frau Jaray recht milde und wohlwollend für ihn ausgesagt haben – für einen Geschäftsmann, dessen Skrupellosigkeit in der nächsten Forderung gipfelt, die Welz an Jaray stellte: Er verlangte Geld für Aufwendungen und geleistete Arbeit. Und diesem Ansinnen scheint die Gerichtskommission entsprochen zu haben. Ohne Begründung entscheidet sie im Enderkenntnis vom 17. August 1949: Lea Jaray sei schuldig, Friedrich Welz den Betrag von 9.000,-- S binnen 14 Tagen zu bezahlen.[110] Das ist eine Summe, die recht gut dem umgerechneten Kaufpreis für den Warenbestand entspricht.

Man kann davon ausgehen, dass Frau Jaray gezahlt – ihre Kunstwerke jedoch nicht erhalten hat. Wo hat damals beispielsweise Egon Schieles *Wally von Krumau* gesteckt? Mit vertuschter Provenienz im Depot der Salzburger Residenz – am 24. November 1947 der Salzburger Landesregierung ausgehändigt. Die Beamten, die den Bericht der Betriebsprüfung aus dem Jahr 1943 gelesen haben, müssen auch den Namen der Eigentümerin gekannt haben. Doch der vom Betriebsprüfer zitierte Brief vom 24. März 1939 ist wie der Anhang des Gedenkprotokolls verschwunden: unterdrückte Beweismittel.

Lea Jaray, die im Exil über die Vorgänge in Wien und Salzburg nicht Bescheid wissen konnte und keine Beweismittel in den Händen hatte, scheint sich aber im Restitutionsverfahren an den Verlust eines Schiele-Bildes schmerzlich erinnert zu haben. Denn das Wiener Gericht protokolliert im Teilerkenntnis vom 17. März 1948: „Der Gegner hat sich nicht immer gerade fair und großzügig benommen, so als er die langjährige Angestellte zur Ersparung der Abfertigung nicht übernahm, oder als er von der Antragstellerin einen Biedermeiertisch und einen Schiele verlangte."[111] Welz hatte also auf unfaire Weise auch „eine Schiele" bekommen, hatte Jaray unter Druck gesetzt – und ihr Privateigentum abgenötigt: Schieles *Wally von Krumau*. Leider sind die Protokolle der Zeugenvernehmungen, die diesen Vorgang veranschaulichen könnten, nicht überliefert. Trägt die Beweislast der „Arisierung" nach einem halben Jahrhundert noch immer das Opfer oder dessen Erben?

In der zitierten Sachverhaltsdarstellung betonte Jarays Rechtsvertreter, dass die Wiener Galerie Würthle eines der ältesten und angesehensten Unternehmen der Branche gewesen sei und über einen ausgezeichneten Ruf und einen ausgedehnten Kundenkreis verfügt habe. Dieses ideelle Vermögen hat Welz jedenfalls nicht bezahlt – und es war auch nicht mehr zu restituieren. Es war zerstört und unwiederbringlich verloren.

Erbe nach Heinrich Rieger, Wien – Theresienstadt

„Dr. Heinrich Rieger war Besitzer einer der kostbarsten Gemäldesammlungen Wiens. Diese aus etwa 800 Bildern und Zeichnungen bestehende Sammlung wurde zwischen 1939 und 1942 von verschiedenen Kunsthändlern und Privatpersonen übernommen. Bis heute konnte nur ein geringer Teil der damals Dr. Rieger entzogenen Kunstgegenstände festgestellt werden. Fest steht, daß der größte Teil der Sammlung von der Kunsthandlung Kasimir & Edschmied, Wien I., Opernring, bzw. von der Kunsthandlung Friedrich Welz, Salzburg, Sigmund Haffnergasse 16, übernommen wurde. Verhandlungen über die Rückstellung dieser Bestände sind mit den Inhabern dieser Geschäfte, Luigi Kasimir bzw. Friedrich Welz, im Gange. Beide Personen erklären jedoch, daß verschiedene der wertvollsten Bilder unmittelbar nach Kriegsende geplündert worden sind und ihr derzeitiger Aufenthalt nicht bekannt ist. Sowohl Kasimir wie Welz haben sich als belastete Nationalsozialisten längere Zeit in Haft befunden und wurden erst vor einigen Monaten enthaftet." (Oskar Müller, Rechtsvertreter Robert Riegers, am 17. Juni 1947)[112]

Obermedizinalrat Heinrich Rieger und Berta Rieger waren in Wien für tot erklärt worden – mit Sterbedatum 1942 in Theresienstadt bzw. 1944 in Auschwitz. Ihr Nachlass wurde dem Sohn Robert Rieger in New York und der Enkelin Tanna Berger in Jerusalem zu bestimmten Teilen „eingeantwortet". Daran knüpfte der Anspruch der Erben auf Restitution des Vermögens nach dem dritten Rückstellungsgesetz. Das Verfahren gegen Luigi Kasimir lief in Wien, das gegen Friedrich Welz in Salzburg,

Landesgericht RK 108/48. Die Anwälte Oskar Müller und Christian Broda (Wien I, Bognergasse 7) waren die Rechtsvertreter des Sohnes, der im Exil US-Bürger geworden war, weshalb der Anspruch der Erben gegen Welz auch als US-Claim behandelt wurde.

Das an sich bereits komplizierte Verfahren mutiert bei einem Beschuldigten vom Schlage eines Friedrich Welz zu einem betrügerischen Verwirrspiel, in das auch die Rechtsvertreter und einige Amtsträger hineingezogen werden. Kaum aus der Haft entlassen, klinkt sich Welz in die Rechtssache ein. Am 5. Juni 1947 schreibt er, kaltschnauziges Kalkül mit sentimentalem Tonfall camouflierend, an Robert Rieger in New York: *„Mir ist es ein Bedürfnis, dieser Information noch einiges hinzuzufügen, da ich ihren Herrn Vater persönlich sehr gut kannte und hochschätzte und weil mir sein furchtbares Ende, das ich jetzt erst erfuhr, sehr nahe geht."* [113]

Das ganze trübe Kapitel soll aus aktueller Sicht angepackt werden: Im Jänner 1998, kurz nach der Schiele-Retrospektive im Museum of Modern Art, hat ein New Yorker Staatsanwalt zwei Bilder aus dem Bestand der Stiftung Rudolf Leopold beschlagnahmen lassen – *Wally* und *Tote Stadt III* –, auf die Henry S. Bondi bzw. Rita und Kathleen Reif Anspruch erheben. Schieles *Wally von Krumau*, das nach wie vor beschlagnahmt ist, war in das verworrene Verfahren des Händlers Welz und der Erben nach Rieger involviert. Eigentümerin war aber Lea Bondi-Jaray, und die Herkunft der *Wally* ist auch Amtsträgern bekannt gewesen. Gleiches gilt für Rudolf Leopold, der diesen Schiele von der Österreichischen Galerie erwirbt. Dieser Fall ist diffizil und suspekt. *Wally* gehört zu jenen Kunstwerken, die seriöse Käufer beunruhigen mussten, schon wegen der Verfahren gegen den

Händler. Doch österreichische Museen und Ämter haben jeden Verdacht unterdrückt, obwohl er sogar außerhalb Österreichs grassiert ist: Der deutsche Ausschuss für Restitution qualifizierte Anfang der 50er Jahre alle Kunstwerke, die in Österreich vom Dorotheum und von der Galerie Welz erworben wurden, als „fraglichen" Besitz.[114]

Vorweg muss auf die Geschäftsverbindung zwischen Friedrich Welz und der Österreichischen Galerie im Belvedere verwiesen werden. Deren Leiter Bruno Grimschitz ist im Jahr 1945 abgesetzt worden; auf ihn folgen interimistisch Fritz Novotny, seit 1939 im Belvedere, und Karl Garzarolli, bis 1945 im Grazer Landesmuseum am Joanneum. In der Museumsbürokratie hatte man einschlägige Erfahrungen, wie private jüdische Sammlungen „österreichisch" gemacht werden konnten. Der Händler Welz verkaufte der Österreichischen Galerie in den Jahren 1938 bis 1943 siebzehn Werke, 1947 zwei, 1948 abermals zwei: Gustav Klimts *Dame in Weiß* (Herkunft unbekannt) und Egon Schieles *Bildnis Dr. Hugo Koller* (Rupert und Sylvia Koller).[115] Merkwürdigerweise sind diese Nachkriegsverkäufe, die Welz während seiner Verfahren und vermutlich über die Galerie Würthle (Welz & Kremlacek) abgewickelt hat, in den US-Beschlagnahme- und Freigabelisten nicht zu finden. Hier bekommen erst die folgenden Verkäufe Konturen.

Auf eine Anfrage bezüglich dreier Bilder – Herkunft Rieger und Jaray –, antwortet Monika Mayer, Archivarin der Österreichischen Galerie, umgehend am 15. November 1999: „Von den drei in Ihrem Schreiben angeführten Kunstwerken wurde nur Schieles *Wiesenlandschaft mit Häusern* (IN 4326) 1949 von der Galerie Welz in Salzburg erworben; die Provenienz Rieger scheint im Erwerbungsakt der ÖG nicht auf. Sowohl Schieles

Wally (IN 4442) als auch Faistauers *Bildnis einer jungen Frau im rosa Kleid* (IN 4454) wurden 1950 aus der Sammlung Rieger (Dr. Robert Rieger und Tana Berger als Erben Dr. Heinrich Riegers, Treuhänder RA Dr. Christian Broda; Kaufvereinbarung vom 27. Dezember 1950) angekauft. 1954 wurde Schieles *Wally* im Tausch gegen Schieles *Rainerbuben* an Dr. Rudolf Leopold abgegeben; die beiden anderen Bilder befinden sich nach wie vor im Bestand der ÖG."[116]

Da ist wiederum etwas kurios: Die beiden Bilder, die aus der Sammlung Rieger angekauft worden waren, sind in den Übergabe-Bestätigungen des Bundesdenkmalamtes vom 7. Juli und 19. September 1950 nicht zu finden. Demnach kann der Rechtsvertreter Broda weder *Wally* noch *Bildnis einer jungen Frau im rosa Kleid* – kurz: *Pariserin* – offiziell vom Bundesdenkmalamt übernommen haben. Faistauers *Pariserin* war den Erben nach Rieger im Mai 1948 zwar gerichtlich zugesprochen worden, ist aber im Salzburger Residenz-Depot des Bundesdenkmalamtes verschollen, kann also nur auf informelle Weise ausgehändigt worden sein. Schieles *Wally* war seit Dezember 1947 wieder im Besitz des Landes Salzburg, hat nicht restituiert werden müssen, hat aber dennoch den Besitzer gewechselt: und zwar eindeutig den falschen. Schieles *Wiesenlandschaft mit Häusern* wurde 1948 dem Land Salzburg und hierauf ohne Prüfung der Herkunft dem Galeristen Welz ausgehändigt, der es im Handumdrehen verkauft hat. Somit ist die Österreichische Galerie im Besitz dreier Bilder von höchst zweifelhafter Vergangenheit.

Am 6. August 1948 hat Property Control insgesamt vier Schiele-Bilder der Salzburger Landesregierung übergeben. Diese sollte die Eigentumsverhältnisse prüfen, hat jedoch ihre Treuhänderschaft sträflich missbraucht: Trotz laufender Verfahren hat Welz folgende Bilder ausgehändigt bekommen, die Heinrich Rieger gehört hatten – nach Jane Kallir: Egon Schiele, The Complete Works (Werkkatalog mit Nummern für Paintings = P)[117]:

Wiesenlandschaft mit Häusern (Öl auf Karton, signiert 1907, 19,8 x 34,4) verkauft Welz, wie erwähnt, 1949 der Österreichischen Galerie; im Erwerbungsakt scheint die Provenienz angeblich nicht auf.

Hafen von Triest (Öl auf Karton, signiert 1907, 25 x 18) bleibt ein Jahrzehnt in der Galerie Welz. Der Grund liegt vermutlich in der Kennzeichnung des Eigentums: „Rieger collection's stamp and label" (nach Kallirs Werkkatalog P 84). Am 13. Oktober 1958 verkauft Welz dieses Hafenbild der Neuen Galerie am Landesmuseum Joanneum in Graz. Auch in diesem Erwerbungsakt scheint die Provenienz angeblich nicht auf; die Archivarin Gudrun Danzer bemerkt aber am 5. November 1999, sie sei im Zuge der Recherchen mehrmals auf den Namen Welz gestoßen.[118]

Allee ist – nach Kallirs Werkkatalog P 60 – vermutlich identisch mit *Tree-Lined Road* (Öl auf Karton, signiert 1907, 20 x 31,8). Dieses Bild scheint verschollen zu sein: „present whereabouts unknown".

Haus mit Türmchen ist – nach Kallirs Werkkatalog P 80 – vermutlich identisch mit *Wayside Shrine* oder *Bildstock* (Öl auf Karton, signiert, datiert 1907, 22,4 x 19,2). Dieses Bild wechselt mehrmals den Besitzer: Heinrich Rieger, Galerie Welz, „private collection", 1986/87 in der Galerie St. Etienne New York ausgestellt.

Die Identität der Sammler von *Allee* und *Bildstock* kann nicht ewig vertuscht werden.

Die diversen behördlichen Verfahren hinterlassen ein schieres Knochenwerk, das der Verständlichkeit wegen in einige Häufchen sortiert wird. Der Wiener Rechtsanwalt Christian Broda, der erstmals am 23. Mai 1947 mit Friedrich Welz über die Rückgabe von 26 Bildern verhandelt hatte, konnte im Jahr 1950 offiziell nur zwölf Bilder übernehmen – gemäß Teilerkenntnis der Salzburger Rückstellungskommission vom 31. Mai 1948. Diese zwölf Bilder, die erst am 10. Mai 1950 freigegeben wurden, kamen aus dem Depot des Bundesdenkmalamtes in Salzburg (Residenz). Übergeberin war Erika Kirchner, Landeskonservatorin für Oberösterreich, die zusätzlich das Salzburger Depot betreute, nachdem die Salzburger Leiterin Frau Witternigg und ihr Wiener Chef Otto Demus geheiratet hatten.

Das Bundesdenkmalamt in Wien war sicherlich über jeden Vorgang in Salzburg informiert. In den zweieinhalb Jahren seit der Verwahrung der Bilder im Residenz-Depot registrieren amtliche Schriftstücke diverse Vorgänge: Kontrollen, Identifikationen, Anfragen und Genehmigungen für Ausstellungen: Koligs *Sehnsucht* in der Galerie Welz, Schieles *Kardinal und Nonne* sowie *Umarmung in Venedig*.

Hier die zwölf Bilder, die laut Bestätigungen – Bundesdenkmalamt vom 7. Juli und 19. September 1950 – übergeben bzw. übernommen wurden (in der Klammer der Kriegsbesitzer):[119]

Andersen, *Stillleben mit Weintrauben* (Welz, 1944 Landesgalerie Nr. 597)

Dobrowsky, *Mädchen mit Krug* (Welz, 1944 Landesgalerie Nr. 575)

Dobrowsky, *Armen im Geiste* (Welz)

Faistauer, *Waldinneres* (Welz, 1944 Landesgalerie Nr. 574)

Faistauer, *Hochzeitsrosen* (Welz, 1944 Landesgalerie Nr. 580)

Faistauer, *Porträt seiner ersten Frau* (nicht zu identifizieren, Welz)
Faistauer, *Frauenporträt* (nicht zu identifizieren, Welz)
Huber, *Winterlandschaft* (Welz, 1944 Landesgalerie Nr. 576)
Kolig, *Sehnsucht* (Welz)
Schiele, *Umarmung* oder *Liebespaar* (Welz)
Schiele, *Kardinal und Nonne* (Welz)
Schiele, *Porträt seiner Frau* (nicht zu identifizieren, 1944 in der Landesgalerie ausgestellt).

Daran ist nicht glauben, dass Beamte, Kunstexperten und Rechtsvertreter nicht gewusst haben, welche Bilder restituiert werden sollten und welche übergeben worden sind. Rechtsanwalt Broda hat das Teilerkenntnis des Salzburger Restitutionsgerichtes vom 31. Mai 1948 vorlegen müssen, auf dem zu lesen ist: Egon Schiele, *Bildnis seiner Frau* und „Zeichnung" (!).[120] Laut Bestätigung vom 7. Juli 1950 hat Frau Kirchner Schieles *Porträt seiner Frau* übergeben. Da die Zeichnung verschollen war, muss an ihrer Stelle ein anderes Bild dem Rechtsvertreter Broda ausgefolgt worden sein: das Ölbild *Wally* aus dem „arisierten" Besitz von Lea Jaray. Auf den Bestätigungen fehlt auch die im Teilerkenntnis zitierte *Pariserin*, die aus der Sammlung Rieger gemeinsam mit *Wally* der Österreichischen Galerie verkauft worden ist. Demnach hat Welz aus seinem Kriegsbesitz einschließlich *Pariserin* – 1950 nicht bestätigt – lediglich sieben Bilder zurückgegeben.

Sechs Bilder einschließlich *Wally* – 1950 nicht bestätigt – hat das Land Salzburg restituiert, obwohl es dazu nicht gezwungen und vom Salzburger Restitutionsgericht nicht als Beschuldigter genannt worden war. Auf dem Teilerkenntnis vom 31. Mai 1948 steht nur Andersens *Weintrauben* – vormals Kriegsbesitz der Landesgalerie. Dennoch sind 1950 noch fünf Bilder aus der Landesgalerie dem Rechtsvertreter Broda ausgehändigt worden, und zwar anstelle von verschollenen Bildern aus dem Kriegsbesitz von Welz. Diese Restitution ist überaus mysteriös und erklärungsbedürftig: Als Friedrich Welz im Jahr 1955 ungeniert vom Land Salzburg alle 38 Bilder einschließlich der sechs restituierten (!) zurückfordert, die im Jahr 1944 im „Tauschvorgang" den Besitzer gewechselt hatten, versteht sich das Land bereits als Eigentümer – der nicht restituierten Bilder wohlgemerkt. Doch Anfang der fünfziger Jahre, einige Jahre vor dem Abzug der Alliierten, ist sich das Land Salzburg noch bewusst, dass es in der Korruptionsfalle steckt: Etliche Kunstwerke französischer Herkunft mussten nicht restituiert werden, weil sie im Museum der Stadt Salzburg verborgen worden sind – worüber Welz Bescheid gewusst hat. Und darin ist auch der Grund für die laut- und klaglose Rückgabe der sechs Bilder einschließlich *Wally* durch das Bundesland im Jahr 1950 zu sehen.

Dreizehn Bilder aus dem Kriegsbesitz von Welz und des Landes sind restituiert worden, zwölf waren das Eigentum von Heinrich Rieger, eines von Lea Jaray. Der Rechtsvertreter Oskar Müller hatte jedoch am 27. Mai 1948 beantragt, dass sechsundzwanzig Bilder sofort und bei sonstiger Zwangsfolge zurückzustellen seien – Streitwert im Jahr 1948 ÖS 25.000. Doch der Anspruch der Erben hat nur zur Hälfte erfüllt werden können – und es bedarf einer bizarren Logik, um Welz bei dieser Machenschaft auf die Schliche zu kommen.

Friedrich Welz wollte sich partout nicht an alle Bilder erinnern, die er von Heinrich Rieger im Wiener Geschäft übernommen oder gekauft und verkauft hatte – „soweit mir erinnerlich", sagt Welz wörtlich gegenüber Broda am 23. Mai

1947.[121] Vor der Rückstellungskommission aber kann sich Welz genau erinnern, dass er den vereinbarten Kaufpreis von 5.250 Reichsmark und als Draufgabe 400 Reichsmark bezahlt und ferner Herrn Dr. Rieger einen Brillantsolitär von 1,25 Karat übergeben habe.[122] Der Durchschnittswert der Zeichnungen und Ölbilder Heinrich Riegers hat in der NS-Zeit – laut Betriebsprüfung 1943 – nur 300 Reichsmark betragen; so kommt man für die restituierten zwölf Bildern aus der Sammlung Rieger auf 3.600 Reichsmark. Die Differenz zum unbewiesenen Kaufpreis zeigt, dass noch etliche Kunstwerke im dunklen Busch stecken. Sollten diese auf dem Kriegsmarkt verkauft worden sein, hat der Händler ein Vielfaches verbuchen können.

In der Versicherungsliste Heinrich Riegers aus dem Jahr 1935 sind die meisten Objekte zu finden, die im Verfahren gegen Welz genannt werden.[123] Die Sammlung hatte offensichtlich einen beträchtlich höheren Wert als im Anschlussjahr 1938. Die Schere zwischen Verlust und Gewinn öffnet sich erst im Gefolge der Rassenpolitik, die das Opfer zum Verkauf gezwungen und den Händlern damit die Chance ihres Lebens gebracht hat. Um den Arisierungsprofit zu veranschaulichen, soll der Versicherungswert einiger Bilder, die Heinrich Rieger im Herbst 1935 im Wiener Künstlerhaus ausgestellt hatte, in Relation zu dem Anschaffungswert nach dem Anschluss gesetzt werden, der im Bericht der Betriebsprüfung 1943 angeführt wird. Der eine Wert ist in österreichischer Währung angeführt, der andere in reichsdeutscher (Umrechnung nach der Relation 1938: 1,5 ÖS = 1 RM); dazu einige Beispiele:

Sergius Pausers *Halbakt mit Tulpe*, ÖS 1.000 bzw. RM 250 (= ÖS 375);

Anton Koligs *Sehnsucht*, ÖS 2.000 bzw. RM 600 (= ÖS 900);

Dobrowskys *Armen im Geiste*, ÖS 2.000 bzw. RM 130 (= ÖS 195);

Schieles *Kardinal und Nonne*, ÖS 5.000 bzw. RM 450 (= ÖS 675);

Schieles *Umarmung*, ÖS 8.000 bzw. RM 850 (= ÖS 1 275);

Schieles *Porträt seiner Frau*, ÖS 800 – kein Vergleich möglich, der Titel fehlt in der Betriebsprüfung 1943, an seiner Stelle wird 1950 Schieles *Wally* restituiert: 1939 RM 200 (= ÖS 300), 1944 RM 2.000, 1950 für ÖS 4.000 der Österreichischen Galerie verkauft.

Die Gegenüberstellung unterschiedlicher Werte und Kaufkraft mag problematisch sein, doch tendenziell sprechen die Zahlen eine klare Sprache: Mit der Zwangslage der Opfer und dem expandierenden Angebot von Kunstwerken fiel der Marktpreis ins Bodenlose. Den Arisierungsprofit konnte auch Welz lukrieren, dessen Charakterlosigkeit wiederholt zutage tritt. Am 31. Mai 1948 muss das Restitutionsgericht die Verhandlung über den nur zur Hälfte erfüllten Rückstellungsantrag und die vom Antragsgegner Welz geltend gemachten Gegenforderungen vertagen. Obwohl Welz keinen Nachweis des Eigentums vorlegen hat können, beantragt er in der mündlichen Verhandlung vom 28. Juli 1948, dass die Erben des ermordeten Arztes Rieger den Kaufbetrag zurückerstatten sollten.[124] Diese Forderung hätte zurückgeschmettert werden können, wäre der gesamte Anspruch der Erben erfüllt gewesen. So aber war der Wiener Rechtsvertreter Müller gezwungen, einen außergerichtlichen Vergleich zu akzeptieren. Die Gegner erzielen offenbar Anfang 1949 eine Einigung, die das Gericht leider nicht konkretisiert hat. Welz jedenfalls äußert sich am 25. Mai 1949 im laufenden Strafverfahren der Linzer Staatsanwaltschaft: *"Die Angelegen*

Rieger wurde im Zuge des Rückstellungsverfahrens Rk 108/48 vor der Rückstellungskommission beim Landesgerichte Salzburg vergleichsweise geregelt, indem ich die Bilder, soweit sie noch in meinem Besitze waren, zurückstellte, während die Erben nach Dr. Rieger sen. mir das von mir seinerzeit bezahlte Entgelt erstatteten." [125]

Welz wollte nur einen geringen Teil herausrücken – so wenig wie möglich aus seinem eigenen Besitz, ein bisschen mehr durfte es sein, wenn es um den Landesbesitz einschließlich der Lea Jaray gehörenden *Wally von Krumau* ging. Welz hat gewusst, wo noch Bilder gesteckt haben. Das war auch das Druckmittel, um 8.000 Schilling und eine Zeugenaussage zu seinen Gunsten zu erzwingen. Rechtsanwalt Müller erklärt am 23. September 1949: *„Das Rückstellungsverfahren endete mit einem Teilerkenntnis und einem außergerichtlichen Vergleich, dessen Erfüllung derzeit noch im Zuge ist. Den Betrag von 8.000 S abzüglich der Verfahrenskosten habe ich zu Gunsten des Besch. [= des Beschuldigten Friedrich Welz] bei seinem Rechtsanwalt Dr. Kovarbasic in Salzburg treuhändig für den Besch. erlegt. Soweit ich aus den durch das Rückstellungsverfahren notwendigen Verhandlungen ersehen habe, lag eine Arisierung nicht vor."* [126]

Diese Aussage hat Müller nicht als Vertreter des US-Bürgers Robert Rieger gemacht, sondern als Entlastungszeuge in der Strafsache Welz bei seiner Einvernahme im Wiener Landesgericht für Strafsachen im September 1949. Als Rechtsvertreter der Erben war er anderer Meinung gewesen, als er im Jahr 1948 beantragte, dass 26 Bilder aus dem Eigentum Heinrich Riegers, der wegen seiner Abstammung gezwungen gewesen war, seine Kunstsammlung zu veräußern, restituiert werden sollten. Im Jahr 1949 negiert der Wiener Rechtsanwalt als Zeuge für Welz die „Arisierung" – ein Begriff, der auch damals als Synonym für Vermögensentzug benutzt wurde. Damit hat er sich selbst widersprochen, und überdies dem Verwalter der Galerie Welz, Fritz Hoefner, der in der Strafanzeige vom 26. Juni 1947 unmissverständlich erklärt hatte, dass Welz einen Teil der Kunstsammlung Heinrich Riegers arisiert habe, und zwar „aus der Zwangslage des Besitzers heraus zu ungewöhnlichen Schleuderpreisen".[127] Zudem wird auf die Korrespondenz zwischen Müller und Hoefner verwiesen.[128]

Gemäß dem Teilerkenntnis vom 31. Mai 1948 hätten von 26 Bildern zuerst einmal zwölf Bilder restituiert werden sollen: fünf waren verschollen, nur sieben vorhanden. Demnach blieb im außergerichtlichen Vergleich ein Anspruch auf neunzehn Bilder, die dem Rechtsvertreter Müller bekannt waren. Er kannte aber offenbar nicht die Herkunft – nämlich Heinrich Rieger – der vier Schiele-Bilder, die das Land Salzburg am 6. August 1948 offiziell übernommen und Anfang 1949 dem Galeristen Welz ausgehändigt hat. So gesehen ist Rechtsanwalt Müller von Welz und vom Land Salzburg schlicht über den Tisch gezogen worden: Falls Müller im außergerichtlichen Vergleich statt neunzehn Bilder nur sechs einschließlich *Pariserin* und *Wally* den Partnern Welz und Land Salzburg herauslocken konnte und dafür 8.000 Schilling bezahlte, waren die Erben nach Heinrich Rieger und Lea Jaray die Betrogenen. Haben sich Welz und das Land Salzburg die Beute geteilt? Laut der Betriebsprüfung der Galerie Welz belaufen sich die Anschaffungspreise der sechs Bilder auf 830 Reichsmark (1.245 Schilling nach der Relation von 1938).

Die Beweislast lag bei den Eigentümern oder Erben. Die Rechtsvertreter konnten den Anspruch lediglich anhand einer – vermutlich von der Geschäftsführerin Luise Kremlacek besorgten – Abschrift aus dem Kommissionsbuch der „Galerie Welz-Wien" ermitteln.[129] Da aber eine Kommissionsware üblicherweise erst nach dem Verkauf bezahlt wird, ist sehr zu bezweifeln, dass Heinrich Rieger Geld für die nicht verkauften Kunstwerke bekommen hat. Wäre das Kommissionsgeschäft seriös gewesen, hätten die Erben alle nicht verkauften Bilder bekommen müssen, und zwar ohne Gegenanspruch von Welz: „das seinerzeit bezahlte Entgelt". Das ist aber nicht der Fall, wobei Welz weder für die verkauften noch für die nicht verkauften Bilder Rechnungen vorzulegen brauchte, die sein Eigentum und seinen Anspruch auf Rückersatz hätten beweisen können. Die Angaben in der Betriebsprüfung beruhen auf Journal-Buchungen von Welz, und seine Vermerke im Inventar der Landesgalerie sind durchschaubare Manipulationen – von Fritz Hoefner, dem Verwalter der Galerie Welz, in seiner Anzeige als „Betrug und großes Verschiebungsmanöver" qualifiziert.

Auf befremdliche und widersprüchliche Aussagen ist hier zu verweisen: Welz will sich zwar an das freiwillige und ordentliche Rechtsgeschäft mit Heinrich Rieger erinnern, aber nichts über den Verbleib der vermissten Bilder wissen. Er gibt zu, Bilder verkauft zu haben, nennt aber keinen Käufer. Ein anderes Mal behauptet er, die „junge österreichische Kunst" habe keinen Markt gehabt, sei schwer verkäuflich gewesen, und deshalb habe er die bedeutendsten Gemälde der Landesgalerie geschenkt. Diese Version findet sich in dem schon zitierten Brief vom 5. Juni 1947 an Robert Rieger in New York – eine andere in einem Report Evelyn Tuckers vom 20./21. November 1947: „He [Welz] says he has a letter from the son who says he is perfectly willing to make a donation of the paintings to the Salzburg Landesgalerie if he can get other relatives to agree." Beide Versionen sind Lügen von Welz, der im Jahr 1944 die „bedeutendsten Gemälde" gegen Courbets *Le Ruisseau du Puits Noir* (Schätzwert 50 000 Reichsmark) getauscht hat.

Welz schlägt in seiner „Äußerung" gegenüber dem Landesgericht Salzburg einen aggressiven Ton an: Die Gegner hätten ihren Anspruch gegen die Landesgalerie Salzburg zu stellen – was das Gericht freilich wohlweislich ignoriert hat; und auch die sattsam bekannte Lüge von der Plünderung tischt Welz dem Gericht auf: Gelegentlich der Beschlagnahme „meiner St. Gilgner Villa" seien Bilder und sämtliche Unterlagen verschwunden und nicht mehr aufgetaucht. Wohl gemerkt: Solche Worte ließ Welz am 27. Mai 1948 in seiner „Äußerung" protokollieren, zu einem Zeitpunkt, als er längst von Evelyn Tucker als Lügner entlarvt war. Doch vor Gericht hat sich Welz noch anderes einfallen lassen: Das Bild *Betender Bauer* habe sich bis zum Jahre 1945 verlässlich „in meinem Eigentume" befunden, und eine Zeichnung von Dobrowsky sei nicht das Eigentum Dr. Riegers gewesen, sondern seiner „arischen" Schwägern.[130] Auch diese Aussage ist unglaubwürdig, weil die Zeichnung in den Eigentumslisten Heinrich Riegers steht.

Der Verständlichkeit wegen wird der mühsame Suchlauf nach den vermissten Bildern mit einer Wiederholung gestartet. Die Salzburger Rückstellungskommission hat entschieden, Friedrich Welz sei schuldig, den Erben nach Rieger sechsundzwanzig Bilder sofort zurückstellen und die Kosten des Rechtsstreites binnen 14 Tagen zu zahlen. Auf dem Papier des Teilerkenntnisses vom 31. Mai 1948 stehen jedoch nur zwölf Bilder ohne Formate und sonstige Merkmale; lediglich Andersens *Stillleben mit Weintrauben* und Schieles *Bildnis seiner Frau* sind zusätzlich beschrieben als Aquarell bzw. Zeichnung (!). Diese zwölf Bilder korrespondieren jedoch nur zum Teil mit jenen, die im Jahr 1950 dem Rechtsvertreter Broda übergeben worden sind. Außerdem sind vierzehn Bilder irgendwo auf der Strecke geblieben.

Gegenüber Rechtsanwalt Broda erklärt Welz am 23. Mai 1947, dass er ohne Unterlagen nicht wisse, ob die Bilder für Rieger in Kommission verkauft worden seien. Welz versichert aber, an der Auffindung der noch vermissten Bilder mitwirken zu wollen. Diese Mitwirkung bestand darin, dass er zwei Monate später die Last der Erinnerung und Verantwortung seiner Geschäftsführerin Luise Kremlacek in Wien aufhalste. Gegenüber der Staatspolizei sagt Welz am 25. August 1947 wortwörtlich: *„Die Bilder, die von Dr. Rieger gekauft wurden, sind die in der bereits angeführten Information angegebenen. Frau Luise Kremlacek, die nach wie vor das Geschäft Würthle führt, und die ebenfalls Bilder von Dr. Rieger gekauft hat, dürfte über den damaligen Kauf genauer Bescheid wissen."*[131] Luise Kremlacek gibt den Ball erst in der Zeugeneinvernahme am 29. Juli 1949 zurück: Welz habe die Bilder Dr. Riegers für das Salzburger Geschäft gekauft, daher sei ihr nichts bekannt.[132]

In der erwähnten „Information", die Welz und Broda am 23. Mai 1947 unterzeichnet haben, befindet sich eine Bilderliste, die nicht auf Angaben von Welz, von den Rieger-Erben oder ihren Rechtsvertretern fußt, sondern auf der nicht datierten Abschrift aus dem Kommissionsbuch der „Galerie Welz-Wien" – Geschäftsführerin Luise Kremlacek! Ihre Abschrift muss man sich etwas genauer anschauen: Schon die Notiz „vermutlich aus der Sammlung Dr. Rieger" macht den Anspruch der Erben zum Streitfall. Einige der 26 Positionen haben die Vermerke „verkauft, verrechnet", „Öl" oder „Zeichnung". In der letzten Position fehlen die Titel; Formate fehlen überall. Und diese unbestimmten Beschreibungen können durch Rieger-Verzeichnisse nicht ergänzt werden. Hier rächt sich der Mangel an einem professionellen Inventar. Denn die Beweislast haben die Erben und Rechtsvertreter tragen müssen. Doch nur wer genau Bescheid gewusst hat, hat auch die im Kommissionsbuch ungenau betitelten Werke identifizieren können.

Property Control hat schon am 17. Juli 1947 festgestellt, dass die Identifizierung einiger Bilder so nicht möglich sei. Dobrowsky, Faistauer und Schiele haben schließlich Dutzende verschiedene Landschaften und Frauen gemalt. Was aber nicht oder kaum zu identifizieren ist, kann schwer entdeckt werden – und braucht womöglich nicht restituiert zu werden. So gesehen erscheint es geradezu wie ein Wunder, dass die Erben drei Bilder erhalten, die so vage Titel wie *Porträt seiner 1. Frau*, *Frauenporträt* und *Porträt seiner Frau* führen. Da standen eben Bilder zur Disposition – aber welche? Diese Bildtitel werden mehrmals weitergereicht und durch (Rück-) Übersetzungen noch fragwürdiger.

Als Evelyn Tucker im Dezember 1947 die Welz-Liste vom 15. September 1945 genau kontrolliert, vermerkt sie: „Wels bought from confiscated collection of Heinrich Rieger, Austrian Jew – Heirs are American citizens – see US Claim 33 –; stored in City Museum, Salzburg, but released to Austrian Govt on 4 Dec 47 (see Austrian Receipt A-34)".[133] Am 4. Dezember 1947 hat Property Control vierzehn Bilder dem Bundesdenkmalamt im Salzburger Residenz-Depot übergeben können. Am 27. Jänner 1948 kontrolliert Frau Witternigg den Bestand der Rieger-Bilder; sie muss feststellen, dass zwei Ölbilder fehlen: Pausers *Mädchen mit Tulpe* und Faistauers *Lebensge-*

fährtin.[134] Daraufhin korrigiert Property Control ihr „Schedule A of Austrian Receipt No 34": 12 statt 14 Positionen.[135] Die US-Kommission war aber äußerst misstrauisch und forderte eine „investigation", wie sich aus dem Schreiben an Property Control zeigt. Die Liste des US-Claims Rieger sollte sorgfältig geprüft und mit anderen Listen verglichen werden, speziell mit dem Anspruch von Friedrich Welz auf 23 Bilder – mit verdunkelter Herkunft![136]

Evelyn Tucker hat den weitgehend unerfüllten US-Claim 33 mit dem Verzeichnis „Rieger Paintings acquired by Wels" vom 8. Juni 1948 abgeschlossen. Hier fehlen drei Werke, die in der Abschrift aus dem Kommissionsbuch den Vermerk „verkauft, verrechnet" haben: Dobrowskys *Frauenbildnis*, Kokoschkas *Pferde* und Zügels *Kühe* – spurlos verschollen!? Evelyn Tucker notiert bei elf Bildern jeweils „Location unknown": Dobrowskys vier Landschaften, Egger-Lienz' *Betender Bauer* und Rötel-Zeichnung, Kokoschkas *Alte Frau*, Wilts *Capri*, zwei Windhager-Werke ohne Titel und Faistauers *Pariserin*. Bei zwei Bildern, Faistauers *Lebensgefährtin* und Pausers *Mädchen mit Tulpe*, fügt Tucker hinzu: „Released to Bundesdenkmalamt 4 Dec 47 but requested Demus to strike from Receipt 9 Mar 48 as unable to locate." Bei Schieles *Bildnis seiner Frau* steht Tuckers Kommentar, der in Zusammmenhang mit *Wally* auf ein Identifikationsproblem hinweist, das das Bundesdenkmalamt lösen sollte.[137] Diese verworrene Geschichte muss separiert werden: Die vertauschten Schiele. Zuvor seien noch die übrigen Fälle erwähnt, die der Salzburger Landesregierung und dem Bundesdenkmalamt übertragen worden sind.

Denn Evelyn Tucker war noch hinsichtlich anderer Fälle misstrauisch. In ihrem Report vom 27. Juni bis 2. Juli 1948 bemerkt sie bei Dobrowskys *Rural Scene* (Öl auf Holz, Goldrahmen, Stempel Nr. 133): „*There are no French or Dutch Claims against this paintings but there are four Dobrowsky paintings missing from the Rieger claim which were acquired by Wels during the war. Since this is really an internal Austrian matter verbal clearance to the Austrians was given but this will be called to the attention of the Bundesdenkmalamt.*" Eine Notiz Tuckers findet sich auch bei Dobrowskys *Landscape with House*s (zwei Landschaften): „*The same comments apply to these two paintings as those listed under paintings No 23 [= Dobrowskys Rural Scene]. No action required by this office other than to call them to the attention of the Bundesdenkmalamt.*"[138] Die zitierten Bilder sollten Welz erst ausgefolgt werden, wenn das Eigentum geklärt ist. Doch weder die Salzburger Landesregierung noch das Wiener Bundesdenkmalamt haben die Herkunft kontrolliert. Die Landesregierung hat offiziell im Jahr 1949 insgesamt 23 Bilder einschließlich der vier Schiele und Dobrowskys *Bäuerlicher Szene* der Galerie Welz ausgehändigt.[139] Offiziell waren im Besitz des Landes Salzburg noch 59 Bilder, die das Salzburger Museum verwahrt hat: auch zwei Landschaften und ein Frauenbildnis von Dobrowsky (Herkunft vermutlich Rieger). Auch diese Bilder bekommt Welz über den amtlichen Weg der Kunstwäsche ausgehändigt – allerdings inoffiziell.

Ein im Residenz-Depot verschollenes Bild lässt sich identifizieren, da es Welz im Jahr 1944 getauscht hatte und somit im Landesbesitz war: Sergius Pausers *Mädchen mit Tulpe* oder *Halbakt mit Tulpen*, links unten signiert, Öl auf Leinwand, 109, 5 x 83. Anhand des Kataloges von Jane Kallir sind auch die mehrmals erwähnten fünf Schiele-Bilder zu identifizieren, die die Erben nach Heinrich Rieger und Lea Jaray im betrügerischen Verwirrspiel verloren haben. Da aber Dutzende Schiele verschwunden sind, ist der Suchlauf offen.

Die vertauschten Schiele

Schieles *Wally* war seit 24. November 1947 im Besitz des Landes Salzburg. Die Zeichnung *Porträt seiner Frau* war laut Kommissionsbuch der Galerie Würthle „verkauft, verrechnet". Friedrich Welz und Luise Kremlacek haben wohl zwischen *Edith* und *Wally* (Valerie Neuzil), zwischen einer Zeichnung und einem Ölbild unterscheiden können; und die Geschäftsführerin wird das Ölbild *Wally* – Herkunft Lea Jaray – nicht im Kommissionsbuch unter den Rieger-Bildern aufgelistet haben. So gesehen wäre das Identifikationsproblem, das die unwissende Evelyn Tucker vergeblich dem Bundesdenkmalamt übertragen hatte, leicht zu klären gewesen – es sind verschiedene Schiele-Bilder. Da aber alle, die Bescheid wissen mussten, geschwiegen haben – einschließlich der Salzburger Landesregierung und des Wiener Bundesdenkmalamts –, mutiert die Restitution der *Wally* zu dieser fast (?) endlosen Geschichte hinein in das 21. Jahrhundert.

Obwohl der US-Claim 33 (Robert Rieger) anders als „the pre-war Austrian property" behandelt werden sollte, war er ein Punkt in der bereits geschilderten Sitzung vom 21. November 1947. Unter den von Tucker, Welz, Horner und Funke geprüften Bildern hat sich möglicherweise auch Schieles *Porträt seiner Frau* befunden, denn Tucker notiert im Report vom 21. November 1947: „His Wife's Portrait by Egon Schiele (located Residenz Depot)" – wortgleich in der „Schedule A of Austrian Receipt No 34" und ohne Inventar-Nummer der Landesgalerie. Wie immer: falls die Zeichnung vorhanden war, muss sie beiseite geschafft worden sein, und falls nicht – angeschmiert wurde Mrs. Tucker von den Österreichern auf jeden Fall.

Bei *Wally von Krumau* (ebenso Residenz-Depot) notiert Tucker in der Liste vom 24. November 1947: „This is a portrait of a woman named Vally". Welz hat der Amerikanerin nicht gesagt, dass dieses Schiele-Bild vor dem Krieg Lea Jaray gehört hatte, und auch die offiziellen Vertreter Horner und Funke – Mitwisser ohne Zweifel – haben das „pre-war Austrian property" bestätigt, zumindest durch zustimmendes Schweigen. Zu einem anderen Zeitpunkt muss Welz aber etwas gesagt haben, denn im Verzeichnis „Rieger Paintings" vom 8. Juni 1948 steht bei Schieles *His Wife's Portrait* die Notiz Tuckers: „Released to Bundesdenkmalamt 4 Dez 47 but this painting is not under control unless it is identical with *Vally from Krumau* – Wels # 573 – Wels' records do not state acquired from Rieger and Wels says this woman was not the artist's wife." Tucker hat die Identifikation vom Bundesdenkmalamt als der kompetenten Stelle erwartet: „Your attention is especially invited to paintings numberd 3, 7 & 18 on the attached list --- reference painting # 3 (= *His wife's Portrait*), inquiry will be made with the Bundesdenkmalamt as to wether or not *Vally from Krumau* was Egon Schiele's wife."

Nach dieser Notiz kann nur ein Frauenporträt Schieles zur Disposition gestanden sein: *Wally von Krumau*, ein Ölbild, das nicht mit einem Porträt der Ehefrau Schieles (Edith) identisch ist und nicht aus der Sammlung Rieger stammt. Den Namen der Ehefrau hat Tucker nicht gekannt, darum hat sie die Identitätsfrage an den Chef des Bundesdenkmalamtes Otto Demus delegiert, allerdings ohne jede Reaktion. Tucker hat auch den Namen der Eigentümerin der *Wally* nicht gekannt, jenes Bildes, das allein für die Restitution verfügbar gewesen ist und im Zuge der außergerichtlichen Einigung unter dem falschen Titel *Porträt seiner Frau* vom Bundesdenkmalamt dem Rechtsvertreter Broda ausgehändigt worden ist. Beide Seiten haben die Unwissenden gespielt – zum Schaden der Eigentümerin Lea Jaray.

Falsche oder halbwahre Informationen oder gar keine – das war die Strategie. Ihrer hat sich Welz auch in selbstverräterischer Weise bedient. In der von Broda protokollierten „Information" vom 23. Mai 1947 behauptet Welz nämlich: „Von dem Verbleib der Rieger'schen Schiele Zeichnungen weiß ich nichts." Welz sagt also „Schiele Zeichnungen", obwohl er laut der „Information" nur über den Verbleib einer einzigen befragt wird: Schieles *Bildnis seiner Frau*. Bezeichnend, wenn man bedenkt, dass tatsächlich Dutzende Zeichnungen der Provenienz Rieger – höchstwahrscheinlich über die Galerie Würthle – in dunkle Kanäle geraten sind. Nach dem Verzeichnis der Sammlung Heinrich Riegers sind 130 bis 150 Zeichnungen verschollen; in Jane Kallirs Werkkatalog haben 24 „drawings and watercolors" aus dem Besitz Heinrich Riegers den Vermerk „present whereabouts unknown" (unbekannter Aufenthalt zum Zeitpunkt der Publikation 1990). Alles das wollte Welz, mit einer unbewussten sprachlichen Geste, von seiner Person wegwischen.

Gegen Ende des Krieges wird eine dieser Zeichnungen in der Salzburger Landesgalerie gezeigt; am 9. Juni 1944 beschreibt sie der Kulturredakteur Otto Kunz leider nur en passant als „Bildnis meiner Frau [...] eine delikate, psychologisch aussagende Zeichnung mit sparsamsten Mitteln." Kunz hat selbst zwei Schiele besessen (erworben vom Künstler laut Jane Kallir). Kunz war ein Kenner der Materie, er spricht von einer „delikaten

Zeichnung", nicht von einem Ölbild. Das Attribut darf als eine Zeit- und Geschmacksfrage, der Bildtitel *Bildnis meiner Frau* jedoch muss wörtlich genommen werden. Kunz kann nur ein Bild von Schieles Frau Edith meinen, er wird sich nicht geirrt haben. Auch wenn Kallirs Werkkatalog auf diverse falsche Identifikationen von Frauenporträts verweist, ist es unwahrscheinlich, dass Otto Kunz das Ölbild *Wally* als Zeichnung *Bildnis meiner Frau* tituliert hat.

Schließlich soll der krumme Weg der *Wally von Krumau* resümiert sein:

• Im Jahr 1943 registriert die Betriebsprüfung Schieles *Wally* in der Rubrik „irrtümlich in das Inventar 31. 12. 1942 nicht aufgenommene aus Geschäftsmitteln erworbene Stücke": erworben von Lea Jaray Wien laut Brief vom 24. März 1939 um 200 Reichsmark. Dieser Anschaffungswert ist annähernd ein Drittel des Durchschnittswertes der übrigen „arisierten" Ölbilder Schieles und liegt tief unter dem Versicherungswert der 1935 verzeichneten Ölbilder aus der Sammlung des Arztes Heinrich Rieger, der nach dem Anschluss wegen der Rassenpolitik gezwungen war, seine Kunstsammlung zu veräußern. Auch Lea Jaray, die ihr Eigentum nicht in das Exil mitnehmen konnte, war gezwungen, *Wally* zum Ramschpreis zu übergeben. Welz, wie aus Nachkriegs-Briefen Lea Jarays hervorgeht, hatte ihr das Gemälde kurz vor ihrer Flucht nach England abgepresst – in ihrer Wiener Wohnung.

• Im Jahr 1944 tauscht Welz acht Bilder einschließlich *Wally* (Anschaffung 1.280 Reichsmark, fingierter Wert 9.000 Reichsmark) gegen Courbets *Le Ruisseau du Puits Noir* (Anschaffung 10.000 Reichsmark, Schätzwert 50.000 Reichsmark). *Wally* war nach diesem Dreh inventarisierter Kriegsbesitz des Reichsgaues

Salzburg, und zwar ohne Nachweis der Herkunft und des Eigentums.

• *Wally* findet sich in der Liste der 150 Kunstwerke, die am 24. November 1947 klaglos in die Jurisdiktion der Salzburger Landesregierung überstellt werden. Der öffentliche Treuhänder verschleiert die Herkunft der *Wally* wie anderer Bilder gegenüber der US-Kommission. Es bleibt auch kein Einzelfall, dass das Bundesdenkmalamt die Anfrage der misstrauischen Amerikanerin Tucker bezüglich der Identität der *Wally* missachtet. Dieses Vorgehen – bis hin zur behördlichen Frei- und Übergabe – ist zumindest als Ignoranz, wenn nicht im Sinne eines Komplotts zu deuten, und jedenfalls wegen des außergerichtlichen Vergleichs kompliziert und schwer zu durchschauen. Ein Irrtum kann es angesichts der Kompetenzen und Kontrollen nicht gewesen sein. Das Ölbild *Wally* muss wissentlich anstelle der verschollenen Zeichnung *Bildnis seiner Frau* restituiert worden sein.

• Über die Herkunft, das Erkenntnis der Rückstellungskommission sowie über die Übergabe der *Wally* haben folgende Personen Bescheid wissen müssen: Friedrich Welz und Luise Kremlacek (Galerie Welz-Würthle), Paul Horner (Salzburger Landesregierung), Rigobert Funke (Museum Carolino Augusteum), Erika Kirchner und Otto Demus (Residenz-Depot und Bundesdenkmalamt in Wien) sowie die Wiener Rechtsvertreter der Erben, Christian Broda, der die Bilder ausgehändigt bekommen hat, und Oskar Müller, der nach der außergerichtlichen Einigung – 8.000 Schilling gegen sechs Bilder – seine ursprüngliche Aussage in das Gegenteil verkehrt hat.

• Da *Wally* den Erben nach Heinrich Rieger weder vom Salzburger Landesgericht zugesprochen noch vom Wiener Bundesdenkmalamt offiziell unter dem Bildtitel frei- und übergeben worden ist, haben auch die Erben keinen Eigentumsnachweis besessen. *Wally* wird im Jahr 1950 wissentlich ohne den Nachweis der Provenienz und des Eigentums der Österreichischen Galerie in Wien verkauft und geht im Jahr 1954 im Tausch gegen Schieles *Rainerbuben* an den Sammler Rudolf Leopold.[140] *Wally* ist seit Jänner 1998 in New York beschlagnahmt – wohl nicht zu Unrecht.

Österreichs Staatspolizei ermittelt

Die Öffentlichkeit hat aus den Medien nichts über das Verfahren gegen Friedrich Welz erfahren. Nur Fritz Hoefner hat im *Salzburger Tagblatt* vom 9. Februar 1946 eine kleine Anzeige veröffentlicht, in der er ultimativ Personen und Firmen, die heimlich Kunstwerke und Geschäftsunterlagen der Galerie Welz besäßen, auffordert, sich unverzüglich zu melden. Der Verwalter der Galerie Welz sammelte „Belastungsmaterial", das seine Witwe laut Schreiben vom Juli 1948 an die Staatsanwaltschaft senden wollte, das dort aber niemanden zu interessieren schien.

Auf der Basis dieses Materials hat Hoefner am 26. Juni 1947 Friedrich Welz als Ariseur und Betrüger angezeigt; die Vorwürfe waren: Arisierung der Galerie Würthle, der Kunstsammlung Heinrich Riegers und der Villa Steinreich in St. Gilgen sowie Betrug der Salzburger Landesgalerie und Verschiebung von Kunstwerken zugunsten von Welz. Die Worte, mit denen Hoefners Anzeige schließen, sind gleichsam sein Vermächtnis: „Für die obigen Angaben stehe ich mit meiner Person ein."[141]

Die Polizei hat Welz am 31. Juli 1947 „mit dem Gegenstande seiner Einvernahme", der Anzeige Hoefners, vertraut gemacht und unreflektiert die Strategie protokolliert, die Welz in ein irreales Konditionalgefüge mit den Attributen „sogenannt" und „angeblich" verpackt: „Um nochmals auf die sogenannten Arisierungen einzugehen, bin ich der Meinung, dass es Sache der angeblich Geschädigten gewesen wäre, gegen mich die Anzeige zu erstatten, wenn meinerseits ein strafbarer Tatbestand nachweisbar wäre. Sonst habe ich zur Sache nichts anzugeben."[142]

Das ist gefinkelt – Welz spricht dem Verwalter Hoefner schlicht die Berechtigung zur Anzeige ab, schiebt diese den Opfern zu, denen er sie auch gleich wieder abspricht.

Dabei stellt sich die Frage: Wem und was hat die Salzburger Polizei geglaubt? Am 28. August 1947 übermittelt Polizeikommissär Bachner der Linzer Staatsanwaltschaft die staatspolizeilichen Erhebungen in Richtung § 6 KVG und § 197 StG.[143] In diesem Dokument benutzt der Polizeijurist den falschen Begriff „seinerzeitiger Verkauf", der sich mit der Aussage von Friedrich Welz deckt: Der Kaufpreis für die Villa Steinreich in St. Gilgen habe im Jahre 1939 „vollkommen dem wahren Wert" entsprochen. Doch die Eigentümerin hat nicht „verkauft" und auch nicht den Schätzwert oder irgend einen anderen Preis für das Vermögen, das die Gestapo geraubt hatte, ausbezahlt bekommen.

Ebenso irreführend ist der Gebrauch des unscheinbaren, aber vielsagenden Attributes „angeblich": „Im Fall der angeblichen Arisierung" der Wiener Galerie Würthle wollte Bachner einen „nicht ersichtlichen, aber beweiserheblichen Umstand" geklärt wissen: „die Höhe des seinerzeit festgesetzten Kaufpreises sowie die tatsächlich ausbezahlte Kaufsumme". Darüber gibt es zwar im Wiener Rückstellungsverfahren unterschiedliche Standpunkte, dennoch bestätigt das Landesgericht die Zwangslage, in der sich Lea Jaray befunden hatte. Offensichtlich aber war das kein „beweiserheblicher Umstand" für den Salzburger Polizeijuristen. Da dieser von der Annahme ausgeht, Welz habe legale Rechtsgeschäfte abgeschlossen, vermisst er auch Beweismittel für den Kauf der „angeblich arisierten" Sammlung Heinrich Riegers. Das ist umso bemerkenswerter, als doch Welz selbst im

Restitutionsverfahren mit Erfolg den (fingierten?) Kaufbetrag fordert.

Die Staatspolizei ignoriert die „Arisierung" der Villa Steinreich ebenso wie die immerhin von verschiedenen Restitutionskommissionen berücksichtigte Zwangslage von Lea Jaray und Heinrich Rieger, deren Nutznießer Friedrich Welz war. Die Staatspolizei folgt implizit der Version von Friedrich Welz: alles wäre „ohne jeden Zwang in freier Vereinbarung" und so geschehen, „dass von einer Ausnützung der Lage nicht gesprochen werden kann" – in völliger Umkehr der Darstellung in der Anzeige Hoefners, wonach „aus der Zwangslage der Besitzerin heraus zu einem ungewöhnlich niederen Preise" bzw. „aus der Zwangslage des Besitzers heraus zu ungewöhnlichen Schleuderpreisen" Profit gezogen worden ist. Dafür verweist die Staatspolizei recht eindeutig auf den mangelhaften oder gänzlich fehlenden Nachweis des „angeblich arisierten" Eigentums (Rechtstitel). Das jedenfalls nicht zu Gunsten von Friedrich Welz.

Dessen Aussage über die Erwerbungen im besetzten Paris akzeptiert die Staatspolizei aber zur Gänze: „Die in Paris für die Erwerbungen angelegten Preise entsprachen vollkommen den damals gültigen Marktverhältnissen. Es ist dies auch dadurch plausibel, dass ich meine Erwerbungen durchwegs im freien Handel durchführte."[144] Bachner überlegt nicht, was der Beschuldigte mit den Worten „gültige Marktverhältnisse" und „durchwegs im freien Handel" suggeriert – nämlich legale Rechtsgeschäfte, anstelle des Sachverhaltes: 1,3 Millionen Reichsmark Kriegsgewinn. Bachner, lediglich auf den Verdacht des Betruges konzentriert, bemerkt schlicht und zugunsten von Welz: Laut Betriebsprüfung von 1943 sei kein Anlass zu einer Beanstandung gegeben; und laut Professor Dr. Bruno Grimschitz sei der Tausch im Jahr 1944 für die Landesgalerie äußerst günstig gewesen. Die zitierten Beweismittel scheint Bachner nicht aufmerksam gelesen oder nicht verstanden zu haben. Der Polizeijurist vermeidet auch jeden Hinweis auf die Verwicklung des Landes Salzburg in die Strafsache – ob als Geschädigter oder als Nutznießer.

Der staatspolizeiliche Bericht vom 28. August 1947 vermittelt den Eindruck, dass ein kleiner Parteigenosse im Auftrag des Gauleiters Einkäufe (Rechtsgeschäfte) in Frankreich getätigt hat und dafür büßen musste:

„Der Genannte scheint bei der Registrierungsbehörde des Stadtmagistrats als Pg. vom Juli 1938 bis 1944 auf. Da der Genannte jedoch keine Austrittsbescheinigung besitzt, ist seine Zugehörigkeit zur NSDAP bis Kriegsende anzunehmen. Ein Auszug aus dem NS.-Meldeblatt ist beigeschlossen. Es ist h.a. nichts bekannt, was auf eine eventuelle illegale Mitgliedschaft des Genannten in der NSDAP schließen lassen könnte. Wie aus beigeschlossenem Schreiben des Reichsstatthalters Dr. Rainer hervorgeht, war Welz dazu beauftragt, als Kunsthändler Einkäufe für das Gästehaus des Führers, Schloß Klessheim, zu machen und erhielt dadurch weitgehende Unterstützung durch den Gauleiter. Wegen seiner Einkäufe in Frankreich wurde Welz bis 14. 4. 1947 von der franz. Besatzungsbehörde in Haft gehalten und wurde ab diesem Tage in den Stadtarrest entlassen. Der Stadtarrest wurde über Welz von der amerik. Militärregierung, Abt. War Crimes, Mj. Lewis, verhängt und bis zum heutigen Tage nicht aufgehoben. Zur Anschuldigung, dass Welz die angeblich in Frankreich erworbenen Kunstgüter zum Schaden des Finanzamtes und zu Unrecht als Privatbesitz erklärte, wird ein Überprüfungsakt der süddeutschen Treuhandgesellschaft A.G., Wirtschaftsprüfungsgesellschaft, aus dem Jahre 1943 ange-

schlossen und bemerkt, daß damals kein Anlaß zu einer Beanstandung sich ergab." [145]

Der negative Bescheid über die „Anschuldigungen", den die Staatspolizei der Staatsanwaltschaft ins Linzer Landesgericht lieferte, beruht auf Ignoranz, Fehldeutung oder Parteilichkeit. Welz war ein Meister des Verwirrens – und der Staatspolizei fehlte es an Scharfsinn: Ohne Prüfung bzw. mit gläubiger Hinnahme nationalsozialistischer, obendrein apologetischer „Beweismittel" musste Hoefners Anzeige zu einer haltlosen Beschuldigung verkümmern und die Inhaftierung von Welz in Glasenbach zu einem Willkürakt der Sieger mutieren.

Das „politische Vorleben" wurde anhand der Registrierungsakte ermittelt und den vorhandenen Beweismitteln entsprechend wiedergegeben: Personal-Fragebogen der NSDAP, Gau Salzburg Nr. 536/462 (1938) und Gau Wien Nr. 11277 (1939), Bestätigung des Stadtmagistrats Salzburg über die Registrierung von Friedrich Welz als NSDAP-Mitglied vom 26. August 1947; die Staatsanwaltschaft Linz benutzte außerdem die Leumundserhebung vom 26. März 1949 und die Gauakte Nr. 65977 des Bundesministeriums für Inneres vom 14. Mai 1949.[146]

„Neuansuchen 1. Mai 1938": Das hat Welz am 12. Mai 1938 in die Rubrik „erstmaliger Eintritt in die NSDAP" des Fragebogens geschrieben. Dieses „Neuansuchen" verbindet Welz mit der Beteuerung langgehegter Loyalität und Sympathie:

„Fühle mich seit 1922 mit der N. S. D. A. P. geistig verbunden. Habe mich, damals in Wien lebend, an allen Versammlungen und Aufmärschen der Partei beteiligt. Zeuge hiefür: Pg. Alb. Janesch, Wien 8, Neudeggergasse 1. Durch berufliche Tätigkeit im Ausland Kontakt mit Parteikreisen verloren. Bei den letzten Wahlen (1929?) bereits nat.soz. gewählt. Während der Verbotszeit habe ich

mich im Jahr 1936 um Aufnahme in die N. S. D. A. P. durch Pg. Arch. Alfred Diener, dzt. München, Diesterwegstr. 19, beworben. Aus unbekannten Gründen ist die Aufnahme nicht zustande gekommen. Im Jahr 1937 Hausdurchsuchung wegen Verdacht der illegalen Betätigung. Die für den Pg. Otto Besl (dzt. Gauschatzmeister) in meinem Haus versteckten Parteidokumente und S. A. Uniform wurden nicht gefunden. Im Jahre 1936 bin ich der 'Nordischen Gesellschaft' als Mitglied beigetreten. Ich habe derselben die Räume meiner Galerie für ihre im nat.soz. Geiste gehaltenen Veranstaltungen kostenlos zur Verfügung gestellt. Habe als erster Nichtreichsdeutscher beim Vortrag Blunck die Hakenkreuzfahne öffentl. gehisst. Meine Galerie habe ich ausschließlich arischen Künstlern und Dichtern zur Verfügung gestellt. In meiner Kunsthandlung habe ich nie Bilder von vergangenen Systempolitikern geführt, trotzdem ich hiezu von amtl. Stellen aufgefordert wurde. Auch habe ich Ansinnen, solche Bilder auszustellen stets abgelehnt. Hingegen hielt ich stets ein Lager von Bildern unseres Führers (auch in der Verbotszeit). Ich bin Vollarier nach den Nürnberger Gesetzen und erkläre ehrenwörtlich, dass ich mich niemals gegen die N. S. D. A. P. betätigt habe."

Der politische Rückversicherer Welz hatte 1938 sicher sein können: Alles papiermäßig nicht Dokumentierte ist Glaubenssache. Die Wiener NSDAP notiert allerdings am 13. Jänner 1939 sprachlich verunglückt: „Da Welz im ganzen letzten Jahre blos 2 Monate in Wien verbrachte, konnte eine verlässliche Auskunftsperson zwecks politischer Beurteilung nicht ermittelt werden." Zu diesem Zeitpunkt war der Salzburger Antrag von Welz schon befürwortet (31. Juli 1938): Mitglied der NSDAP, unterzeichnet vom Kreisleiter. Die Zahl 6.339.322 auf dem Fragebogen ist laut der Salzburger Registrierungsstelle die Mitgliedsnummer (und damit keine Nummer aus dem „illegalen Block") – Welz ist von Hoefner korrekterweise nicht nach §§ 10/11 des Verbotsgesetzes angezeigt worden.

Polizeikommissär Bachner hat die Aussage von Welz bezweifelt, er sei im Jahr 1944 aus der NSDAP ausgetreten. Welz behauptet ergänzend am 25. Mai 1949: „Ich bin wegen mangelnder Parteidisziplin im Juli 1944 von einem Parteigericht verurteilt worden und daraufhin aus der Partei ausgetreten."[147] Welz wollte also nach 1945 seine 1938 beschworene Loyalität gegenüber dem Regime wieder zurücknehmen, zumindest was deren Dauer anlangt. Dokumentiert ist jedenfalls weder die Mitgliedschaft vor dem Anschluss noch der Austritt im Kriegsjahr 1944. Fazit: Welz hat als „Minderbelasteter" gegolten, wie hunderttausende österreichische „Mitläufer" seiner Art.

Österreichs Staatsanwaltschaft begründet

Die Vernehmung des Beschuldigten im Bezirksgericht Salzburg am 25. Mai 1949 betrifft folgende „Erwerbungen": 1. Villa Steinreich in St. Gilgen, 2. Kunstsammlung Heinrich Riegers und 3. Galerie Würthle.[148] Die damals im New Yorker Exil lebende Eigentümerin Gertrude Steinreich hatte nach dem Raub der Villa fliehen können, war demnach keine Zeugin. Heinrich Rieger war im KZ ermordet worden. Die nach England geflüchtete Eigentümerin der Galerie Würthle war angeblich Zeugin im Restitutionsverfahren. Dessen Erkenntnisse sind archiviert, nicht jedoch die Zeugenaussagen, die darin sporadisch zitiert werden.

Diese Quellenlage ist bedauerlich, denn somit ist keine Darstellung von Welz durch gerichtliche Zeugenaussagen zu widerlegen – und mutiert die Strafsache gegen ihn gänzlich zur Groteske: Denn die Linzer Staatsanwaltschaft hat nur Zeugen gehört, die sich Welz in der Vernehmung gewünscht hatte: Luise Kremlacek (Geschäftsführerin von Lea Jaray und Welz), Erika Welz (Ehefrau von Welz), Johanna Viertelbauer (Beziehung unbekannt), Raimund Hummer (Kompagnon von Welz), Ing. Josef Schwarzenbrunner (Verwalter der Liegenschaft Steinreich St. Gilgen), Ing. Karl Gerstmayer (Cousin von Welz), Professor Bruno Grimschitz (Festredner, Geschäftspartner und Vorgesetzter von Welz) und Oskar Müller (Rechtsvertreter der Erben nach Rieger).[149]

Diese Personen, mit Ausnahme Oskar Müllers, haben bezeugt, dass Welz die Villa Steinreich, die Galerie Würthle und die Bilder aus der Sammlung Heinrich Riegers ordnungsgemäß gekauft, keinen Zwang und Druck ausgeübt und die Zwangslage der Verkäufer nicht ausgenützt habe. Rechtsanwalt Müller hat lediglich behauptet, dass nach seiner Meinung der Verkauf der Bilder Riegers keine Arisierung gewesen sei. Mit dieser Entlastung hat der Rechtsvertreter der Rieger-Erben immerhin erreicht, dass ihm Welz im laufenden außergerichtlichen Vergleich einige der versteckten Bilder aushändigt. Alle Zeugen – die wie üblich ermahnt worden sind, die Wahrheit zu sagen und nichts zu verschweigen – haben die Zwanglage der Juden negiert oder ignoriert und somit explizit bzw. implizit der Anzeige Hoefners, den Anträgen der Anwälte und den Erkenntnissen der Restitutionsgerichte widersprochen.

Die Linzer Staatsanwaltschaft beruft sich in der Begründung, dass ein Tatbestand nach § 6 KVG in keinem der angeführten Fälle erweislich sei, auf die staatspolizeilichen Erhebungen, auf die insgesamt neun Vernehmungen – von Welz und seinen Zeugen – und vor allem auf die Erkenntnisse der gerichtlichen Rückstellungskommissionen, die nicht zu ignorieren waren, aber zugunsten des Beschuldigten gedeutet werden konnten. Da jede gerichtliche Kommission positiv im Sinne der Restitution gewaltsam entzogener oder in Zwangslage veräußerter Vermögen entschieden hatte, die Linzer Staatsanwaltschaft hinterher jedoch positiv im Sinne des Beschuldigten und dies mit Bezug auf die gerichtlichen Erkenntnisse, müssen in den Begründungen der Staatsanwaltschaft abweichende oder falsche Deutungen zu erkennen sein. Dies soll im Weiteren dokumentiert werden, in Beschränkung auf die wesentlichen Punkte und in sinngemäßer Gegenüberstellung der widersprüchlichen Begründungen der Gerichte und der Staatsanwaltschaft.[150]

1a) Rückstellungskommission beim Landesgericht Salzburg am 21. Jänner 1948 (RK 70/47): Die Eigentümerin der Villa Steinreich in St. Gilgen sei als Jüdin durch den Nationalsozialismus politisch verfolgt worden. Der Verkauf der Liegenschaft sei nicht in ihrem Willen gelegen. Es liege somit eine Vermögensentziehung gemäß § 1 und 2 Absatz 1 des dritten Rückstellungsgesetzes vor. Der Kaufvertrag, mit dem die beiden Antragsgegner (Hummer und Welz) die Liegenschaft erworben haben, sei gemäß § 3 Absatz 1 des dritten Rückstellungsgesetzes nichtig.

1b) Staatsanwaltschaft Linz am 25. Jänner 1950 (Vg 8Vr 6626/47): Da die Liegenschaft der Jüdin Getrude Steinreich von der Geheimen Staatspolizei beschlagnahmt worden sei, sei die Aussage des Beschuldigten (Welz) nicht unglaubwürdig, er sei der Meinung gewesen, das Haus vom Staat, also schon aus zweiter Hand, zu kaufen. Bei dieser Sach- und Beweislage könne nicht von einer missbräuchlichen Bereicherung gesprochen werden.

2a) Rückstellungskommission beim Landesgericht Salzburg am 31. Mai 1948 (RK 108/48): Das Teilerkennntnis gründe auf dem Antrag des Rechtsvertreters (Oskar Müller), der der Sach- und Rechtslage entspreche. Obermedizinalrat Heinrich Rieger sei wegen seiner Abstammung politisch verfolgt worden, sei gezwungen gewesen, seine Kunstsammlung zu veräußern. Der Antragsgegner (Welz) sei schuldig, den Antragstellern zur ungeteilten Hand folgende Bilder (Titel zitiert) sofort bei sonstiger Zwangsfolge zurückzustellen.

2b) Staatsanwaltschaft Linz am 25. Jänner 1950 (Vg 8Vr 6626/47): Aus den Rückstellungsakten RK 108/48 gingen keine Umstände hervor, die irgendeine Ausnützung der Zwangslage des Dr. Rieger als Juden oder eine Bereicherung des Beschuldigten erkennen ließen.

3a) Rückstellungskommission beim Landesgericht für Zivilrechtssachen Wien am 17. März 1948 (53 RK 199/47): Im Beweisverfahren habe nicht ein Tatbestand festgestellt werden können, wonach die Antragstellerin (Lea Jaray) ohne Verfolgung durch den Nationalsozialismus ihr Geschäft veräußert oder nur ihr Warenlager verkauft hätte. Somit liegen die Voraussetzungen für die Rückstellungspflicht des Gegners (Welz) vor. Die Antragstellerin (Jaray) habe für den Gegner milde und wohlwollend ausgesagt und sei selbst mit dem Preis tief heruntergegangen, nur um das Unternehmen wegzubekommen.

3b) Staatsanwaltschaft Linz am 25. Jänner 1950 (Vg 8Vr 6626/47): Frau Jaray sei selbst an den Beschuldigten (Welz) mit der Bitte herangetreten, er möge ihr das Geschäft um den Kaufpreis von 13.500 RM abkaufen. Laut Aussage der Zeugen sei es zum Abschluss dieses Kaufvertrages in beidseitigem besten Einvernehmen gekommen. Dies gehe auch aus einem Schreiben der Frau Jaray an den Beschuldigten aus dem Jahre 1947 hervor, in welchem sie ihm den Erwerb dieses Geschäftes neuerlich angeboten habe. Aus den Rückstellungsakten 53 RK 199/47 gehe einwandfrei hervor, dass der Beschuldigte sich beim Abschluss dieses Kaufes anständig benommen und nach den Regeln des redlichen Verkehrs gehandelt habe.

Augenscheinlich ist, dass der Staatsanwalt aus den Erkenntnissen der Gerichte Stellen herauspickt, die die Unschuld des Beschuldigten Welz bekräftigen, andererseits aber Stellen ignoriert, die seine Unschuld hätten entkräften können, bzw. diese so deutet, dass das Opfer, dessen Vermögen in der Zwangslage verkauft und daher restituiert werden musste, seine Unschuld verliert. Der Staatsanwalt hat weder Kunstwerke noch Nachweise des Eigentums vermisst, obwohl die Gerichte bzw. die Staatspolizei auf diesen Mangel hingewiesen hatten und Welz selbst den Rückersatz der Kaufpreise von den Opfern oder deren Erben gefordert hatte. Der Staatsanwalt hat vielmehr einen Beweis zugunsten von Welz erfunden: Lea Jaray würde 1947 im Brief an Friedrich Welz zum Ausdruck bringen, das Geschäft sei damals in beidseitigem besten Einvernehmen geschlossen worden und werde jetzt abermals vorgeschlagen. Was aber hier behauptet und im Brief der Frau Jaray vom 5. Juli 1947 vergeblich gesucht wird, findet sich sinngemäß in dem Brief von Welz an Jaray vom 5. Juni 1947: Beide hätten 1938 einen freundschaftlichen Vertrag geschlossen; Welz würde es auch jetzt gerne sehen, wenn Jaray wie 1938 an ihn mit Vorschlägen heranträte, ohne dazu staatliche Stellen in Anspruch zu nehmen.[151] Das heißt im Klartext: Was im Rechtssystem legal ist, das kann im Unrechtssystem kein Verbrechen sein – eine Rechtsauffassung, die der Staatsanwalt durch eine fingierte freie Willensübereinstimmung fundieren wollte und dabei einen Ausschließungsgrund für die Restitution konstruiert hat.

Betrug und großes Verschiebungsmanöver

Der Staatsanwalt hat einen Hauptpunkt der Anzeige des Verwalters Fritz Hoefner unbegründet fallen gelasssen: „Betrug und großes Verschiebungsmanöver". Der Verdacht hat sich auf den dubiosen Tauschhandel von Bildern der Landesgalerie zwischen Bruno Grimschitz, dem Leiter des Salzburger Museums, und Friedrich Welz, dem Leiter der Landesgalerie, bezogen. Hoefner betont in seiner Anzeige am 26. Juni 1947, der ehemalige Vorstand des Salzburger Museums habe gegen den Tausch keinen Einwand erhoben und sei daher am großen Verschiebungsmanöver mitschuldig.

Im Jahr 1945 wurde der 1944 gegründete „Zweckverband Salzburger Museum" (einschließlich Landesgalerie) aufgelöst. Am 2. Dezember 1946 protokolliert der Stadtsenat in patriotischer Diktion: „Die Landesgalerie bestand zum größten Teil aus Gemälden des seinerzeit deutsch besetzten Auslandes und einem Rest von österreichischen Kunstgegenständen."[152] Die Agenden der Landesgalerie übernimmt der Leiter des Museums Carolino Augusteum, der politisch unbelastete Rigobert Funke. Er muss wegen der Anzeige des Verwalters der Galerie Welz am 25. Juli 1947 aussagen: Funke qualifiziert seine unvollständige Abschrift des „Tauschvorschlags" als Beweismittel und behauptet, das Tauschgeschäft des Herrn Friedrich Welz sei keine schwere Schädigung der Landesgalerie gewesen – wobei Funke betont, dass der Tausch von dem bekannten Fachmann, Universitätsprofessor und Galeriedirektor Dr. Grimschitz gutgeheißen worden sei.[153]

Funke verschweigt allerdings, dass die beschworene Autorität wegen ihrer NS-Vergangenheit pensioniert und obendrein ein guter Bekannter von Friedrich Welz war. Vor allem verheimlicht Funke gravierende Fakten: den Betrugsverdacht und die verworrenen Besitzverhältnisse der Landesgalerie und ihres Leiters gemäß der Betriebsprüfung 1943; die verschleppte und lückenhafte Inventarisierung des geprüften Kriegsbesitzes; die Manipulation des „Tausches" zugunsten von Welz (mindestens 150.000 Reichsmark nach Marktpreisen); die Verkäufe und Verluste von ca. 120 Kunstwerken französischer Herkunft zugunsten der Landesgalerie bzw. zugunsten unbekannter Personen mit Zugriffsmöglichkeit (ca. 900.000 Reichsmark nach Marktpreisen); die privaten Vorbesitzer (Provenienzen) des „vorkriegs-österreichischen Eigentums"; die verschwundenen oder nicht existierenden Fakturen (Eigentumsnachweise); und last but not least den verborgenen Schatz und somit die Schädigung fremden und privaten Eigentums.

Welz rechtfertigt sich auf notorische Weise am 31. Juli 1947 gegenüber der Bundespolizei Salzburg: *„Auf die schweren Bezichtigungen bezgl. eines Millionenbetruges an der Landesgalerie Salzburg stelle ich erstens fest, dass die Landesgalerie meine eigene Gründung mit meinen eigenen Mitteln darstellt. Ich habe den Aufbau dieser Galerie bereits seit dem Jahre 1934 betrieben und während der N. S. Herrschaft die Aufträge des Reichsstatthalters dazu benützt, dieselbe auszubauen. Bei dem zur Anzeige herangezogenen Tausch von Objekten der L. G. gegen meine eigenen handelte es sich um Gemälde, die für den Galeriebestand im Zusammenwirken mit dem Direktor der österreichischen Galerie in Wien Univ. Prof. Dr. Bruno GRIMSCHITZ wegen Nichtentsprechung in künstlerischer Hinsicht ausgeschieden wurden [15 Kunstwerke* *französischer Herkunft], wogegen von mir im Tausch gegebenen Objekte für die L. G. von größter Bedeutung waren [38 Kunstwerke österreichischer Herkunft]."* [154]

Der Meister des Verwirrens war ein Lügner. Und Grimschitz ebenso, denn dieser schweigt in der Einvernahme vom 23. September 1949 über den inkriminierten Fall (Betrug und Verschiebungsmanöver). Grimschitz, einer der Hauptakteure am nationalsozialistischen Kunstmarkt, war nun als Schätzmeister für das Dorotheum tätig – eine Funktion, in der er Provenienzen gut verschleiern konnte. Das Wiener Auktionshaus, das seine nationalsozialistischen Transaktionen nach der Befreiung transparent machen sollte, beteuerte, keine Informationen über Personen zu haben, die „arisierte" Kunstwerke ersteigert hätten. Das war ebenfalls eine Lüge.[155]

„Betrug und großes Verschiebungsmanöver": Der Vorwurf des couragierten Verwalters Hoefner bleibt auch nach dem Tod der Täuscher, Fälscher und Lügner bestehen; er trifft heute die Erben des Kriegsbesitzes. Die Vertreter des Landes, Rigobert Funke und Paul Horner, haben Bescheid gewusst über Marktpreise, Standorte, Herkunft der Bilder und laufende Ansprüche. Sie haben gemauert, gerechtfertigt und verteidigt. Hätten sie Herrn Welz damals nicht die Stange gehalten, wären Teile der Kriegsbeute nicht stillschweigend und konfliktlos dorthin gekommen, wo sie heute sind: im Eigentum öffentlicher Institutionen.

Verstecken und verraten

Malcolm Shaw Jr.: Report 12 - 16 December 1949[156] – Die in diesem Report geschilderte Szene hat sich am 14. Dezember 1949 im Salzburg-Office der Property Control and Restitution Section abgespielt. Chief war nach wie vor Mr. Vernon R. Kennedy. Evelyn Tucker jedoch hatte man den „Wels case" entzogen – wegen ihrer Kritik am Verhalten der Vorgesetzten und Kollegen. Daher führen das protokollierte Gespräch Mr. Shaw (Wien), Frau Gertrud Szente (Salzburg) und Friedrich Welz, „famous art dealer under the Nazis" laut Mr. Shaw. Das theaterreife Protokoll ist aus dem Englischen ins Deutsche übersetzt.

„Auf Wunsch Mr. Shaws telefoniert Frau Szente mit Herrn Welz. Dem Gespräch lauscht Mr. Shaw, der gut Deutsch versteht. Frau Szente bittet Herrn Welz, er möge in das Office kommen. Herr Welz erwidert, er habe zuviel zu tun. Frau Szente sagt, dann bekomme er Besuch. Herr Welz fragt, was man denn von ihm wolle. Frau Szente antwortet, die Amerikaner wollen ihm einige Fragen stellen. Darauf brüllt Welz: Was wollen die denn von mir. Ich habe es satt, dass die mich ständig befragen. Die sollen mich in Ruhe lassen. Frau Szente hält das Telefon an Mr. Shaws Ohr. Er hört das Brüllen des Herrn Welz: Von der Fragerei habe ich genug und will mit dem nichts mehr zu tun haben. Er schreit zunehmend lauter und ordinärer. Schließlich spricht Mr. Shaw mit ruhiger, aber harter Stimme in Deutsch: Hier ist Mr. Shaw vom amerikanischen Hauptquartier in Wien. Ich habe schon verstanden, was Sie gesagt haben. Dennoch brauchen wir von Ihnen Informationen. Welz fragt, was Mr. Shaw wissen möchte. Shaw wolle ihm einige Fragen

stellen. Als Herr Welz eine neue Schimpftirade loslässt, gibt Mr. Shaw Frau Szente das Telefon und bittet, sie solle einen Termin mit ihm vereinbaren. Da hat Herr Welz den Hörer schon aufgehängt.

Mr. Shaw meldet den Vorfall Mr. Kennedy. Dieser lässt Herrn Welz am späten Nachmittag vorführen. Mr. Shaw stellt fest, dass Herr Welz kein gutes Erinnerungsvermögen habe. Herr Welz erwidert, die Amerikaner hätten ihn nicht zwei Jahre einsperren dürfen, wenn sie von ihm erwarten, dass er sich an alles erinnern soll. Herr Welz deutet an, dass Funke etwas weggebracht habe, sagt aber nichts Genaues. Die Amerikaner sollen doch den Landeshauptmann, den Funke und noch ein paar andere aufsuchen. Herr Welz bemerkt schließlich, er habe schon Monsieur Chereau einige Adressen von Leuten gegeben, die vielleicht etwas über die vermissten Bilder aussagen könnten."

Der massive Druck hat gewirkt: Welz verrät einige Adressen und Verstecke. Das Land Salzburg – seit 1949 unter Landeshauptmann Josef Klaus – hat anscheinend erfolglos versucht, einige Kunstwerke französischer Herkunft zurückzuhalten. Trotz fadenscheiniger Behauptungen, die Mr. Shaw genüsslich protokolliert, muss Aristide Maillols *Trois Nymphes* oder *Drei Grazien* (Inventar-Nr. 299) am 15. Dezember 1949 nach Frankreich restituiert werden. Dieser Skulptur folgt Anfang der 50er Jahre ein Frauenporträt von Courbet (Inventar-Nr. 371), das nicht direkt aus Paris, sondern auf einem Umweg – Städelsches Institut in Frankfurt am Main – im Jahr 1941 nach Salzburg gelangt war – und vermutlich deshalb nicht mit den anderen vermissten Bildern registriert wird. Da die beiden zitierten Kunstwerke nicht in der Vermissten-Liste vom 15. Juni 1948 stehen, kann ihren Salzburger Standort nur jemand verraten haben, der genau Bescheid gewusst hat.

Ein Teil der vermissten französischen Kunstwerke war während des Krieges verkauft oder entliehen worden. Die Betriebsprüfung und die Bilanzen der Residenzgalerie registrieren folgende Namen oder Orte: Reichsstatthalter Baldur von Schirach, Reichsminister Fritz Todt und Bernhard Rust, Gauleiter Friedrich Rainer und Gustav Adolf Scheel, Gauamtsleiter Karl Springenschmid, Gaupresseamtsleiter Anton Fellner (Oberdonau), Architekten Otto Strohmayr und Otto Reitter, Bildhauer Fritz Behn, Maler Paul-Mathias Padua, Kunsthändler Wolfgang Gurlitt, Hotel *Österreichischer Hof*, Schloss Klessheim, Kunsthistorisches Museum und Galerie Welz in Wien (Galerie Würthle). Die an die genannten Adressen verkauften oder entliehenen Objekte sind zum überwiegenden Teil in den erwähnten Dokumenten nicht beschrieben, und wenn sie überdies in der Landesgalerie nicht inventarisiert sind, dann können sie auch nicht identifiziert werden. Daher ist einem bei der Suche weder das Inventar noch die Vermissten-Liste dienlich. Evelyn Tucker hatte bei ihrem „Appointment" mit Friedrich Welz im Hotel *Österreichischer Hof* das einmalige Glück, ein Bild zu entdecken, das nicht auf ihrer Suchliste, somit auch nicht inventarisiert war.

Schwierig und oftmals erfolglos war auch die Suche nach den 78 inventarisierten Werken französischer Herkunft, die Welz und Grimschitz während des Krieges an folgende Kunden verkauft hatten: Kurt Lundwall (Salzburg), Rudolf Peyrer-Heimstätt (Salzburg), Rudolf Linsmayr (Salzburg), Karl Heinrich Waggerl (Wagrain), Paul-Mathias Padua (St. Wolfgang), Wolfgang Gurlitt (Bad Aussee), Frau Jannings (Strobl), Anton Fellner (Linz), Baldur von Schirach (Wien), Hans Walczok (Wien) und Kurt Dornbacher (Berlin).

36 Bilder waren allein über zwei Adressen verschoben worden. Deren Identität hat die US-Kommission nicht zu klären vermocht, da sich beide – Hans Walczok in Wien und Kurt Dornbacher in Berlin – außerhalb der Jurisdiktion des US-Hauptquartiers befunden haben. Walczok, der auch als Kunde der „Dienststelle Dr. Mühlmann" aufscheint, soll in Wien I, Weihburggasse 5 (nahe der Galerie Würthle), tätig gewesen sein und als einziger deutlich unter den Schätzwerten eingekauft haben; das Inventar der Landesgalerie vermerkt allerdings nur bei elf Bildern sowohl Schätzwerte als auch Kaufpreise: in Summe 86.500 bzw. 42.500 Reichsmark – oder 44.000 Reichsmark zugunsten von Walczok. Ein Bild (Inventar-Nr. 410) soll lediglich zum Eingangswert von 4.000 Reichsmark an Walczok gegangen sein – insgesamt ein mysteriöser Fall. Nach einer Desinformation hat die US-Kommission in ihrer Liste vom 15. Juni 1948 ein vermisstes Bild der Adresse von Walczok zugeordnet: Jakob Grimmers *Landschaft mit Staffage* (Inventar-Nr. 338), Anschaffungswert 4.000 Reichsmark, Schätzwerte 60.000/40.000 Reichsmark. Das wertvolle Gemälde hätte woanders gesucht werden müssen, es taucht erst nach dem Abzug der Alliierten in Salzburg wieder auf – im Bestand der Salzburger Residenzgalerie. Alle Bilder jedoch, die über die beiden Deckadressen Walczok und Dornbacher verschoben worden waren, sind verschollen.

Drei Bilder französischer Herkunft sind noch in den 50er Jahren gesucht worden: Francisco de Goyas *Hexe*, Isaac van Ostades *Bauer am Zaun* und Honoré Daumiers *Advokaten* (Nr. 380, 414, 415). Der Käufer Rudolf Peyrer-Heimstätt, ein Arzt in Salzburg, hatte am 10. Dezember 1947 anscheinend eine Falschaussage gemacht: Die drei gekauften Bilder seien beim Bombenangriff am 17. November 1944 vernichtet worden. Das französische Hochkommissariat hat aber herausgefunden, dass Peyrer-Heimstätt Goyas *Une sorcière* im Jahr 1949 an die Wiener Albertina weiterverkauft hatte. Die Androhung eines Prozesses scheint Peyrer-Heimstätt bewogen zu haben, die beiden anderen Bilder aus dem Versteck zu holen – somit konnten alle drei nach Frankreich restituiert werden.[157]

Welz muss noch weitere Kriegskunden denunziert haben, zum Beispiel Paul-Mathias Padua, den prominenten Nazi-Maler, der Jahr für Jahr in der Münchner „Großen Deutschen Kunstausstellung" und 1944 auch in der Salzburger Ausstellung „Deutsche Künstler und die SS" vertreten war. Padua, der sein Haus in Tegernsee vermietet hatte, wohnte bis Kriegsende in St. Wolfgang, von wo er nach Deutschland ausgewiesen wurde. Welz und Grimschitz verkauften an Padua insgesamt 15 inventarisierte Kunstwerke von Cézanne, Corot, Courbet, Daubigny, Goya und Sisley: deren „ursprüngliche" Werte belaufen sich auf 53.750 Reichsmark (darunter ein „Geschenk" von Rudolf Holzapfel, daher ohne Wertangabe); zu bezahlen hatte Padua aber 350.000 Reichsmark. Nur zwei oder drei Bilder – diese hat Padua in München weiterverkauft – können restituiert werden. Denn Padua hat für das Verschwinden seiner Bilder die wohlbekannte Erklärung parat: Sein Haus in Tegernsee – es war vermietet – sei im Jahr 1945 „von einem unbekannten Amerikaner in Uniform" geplündert worden, und so seien auch die Bilder, mit Ausnahme der verkauften, nicht mehr aufzufinden.[158] Darüber hinaus tauschten Welz und Padua einen Wandteppich und ein Bild der Landesgalerie gegen zwei Bilder Paduas: alles verschollen.

Vermisst wird auch das Bild *Madonna mit Kind* (Holländisch 18. Jahrhundert), das der Wagrainer Schriftsteller Karl Heinrich

Waggerl gekauft hatte. Der Salzburger Arzt Kurt Lundwall, der im März 1938 dem Galeristen Welz politisch hilfreich war, hat vermutlich nur drei der neun Bilder zurückgeben müssen. Wolfgang Gurlitt, der bekannte Berliner Galerist und Händler, der sich im Krieg nach Bad Aussee in eine „arisierte" Villa zurückgezogen hatte, hat angeblich im Jahr 1946 alle Bilder herausrücken müssen, doch neun stehen in der Vermissten-Liste vom 15. Juni 1948. Angedroht worden ist eine Kontrolle in Gurlitts Neuer Galerie in Linz – deren Verlauf ist unbekannt. *Der deutsche Bildhauer Professor Fritz Behn, der in der Wiener Kunstakademie 1945 abgesetzt worden war und noch 1949 seine Pfitzner-Büste in der Galerie Welz präsentiert hatte, klagt deren Inhaber im Jahr 1950, weil zwei Kunstwerke konfisziert worden sind, die ihm Welz 1941 um 5.600 Reichsmark verkauft hatte: eine Büste Rodins und ein Ölbild Manets – diese sind nicht inventarisiert, daher auch nicht zu identifizieren. Behn hat von Welz eine Entschädigung in der Höhe von 30.000 Schilling gefordert (die Prozessakte ist leider nicht archiviert). Fritz Behn hätte besser das Land Salzburg klagen sollen: Denn die beiden restituierten Franzosen stammen aus dem geheimen Bestand der Landesgalerie.*

Der erste illustre Kunde von Welz und seiner Landesgalerie war Reichsstatthalter Baldur von Schirach in Wien. Er bezahlte lediglich 10.000 Reichsmark für Renoirs *Landschaft mit Badenden* aus dem inventarisierten Bestand. Laut Betriebsprüfung soll Schirach im Jahr 1941 noch weitere sieben Werke um 42.800 Reichsmark erworben haben. 12.000 Reichsmark kostete Rodins *Kleiner Denker* – dieser ist nicht inventarisiert. Die gekauften Werke von Wilkie und Puvis de Chavannes sind nicht einmal annähernd zu identifizieren. Nur eine der beiden erworbenen Landschaften Joos van Mompers ist im Inventar eingetragen: *Schneelandschaft* (Nr. 311). Diese retournierte Schirach, weil sie nicht echt war (Anschaffung 2.500 RM, 1944 verkauft für 25.000 RM an die Frau des berühmten Schauspielers Emil Jannings). Schirach hat wohl eine Skizze von Goya aus dem geheimen Bestand der Landesgalerie erworben, keinesfalls aber die in der Betriebsprüfung zitierten Ölbilder *Stierkampf* (I und II), die Francisco de Goya zugeschrieben werden. Diese hatte nämlich der Maler Padua gekauft – einmal mehr eine verworrene Sache, und sie geht weiter.

Tribunal francais de la Haute Commission en Allemagne verhört am 16. Oktober 1951 den in Berlin-Spandau inhaftierten Baldur von Schirach. Zwecks Nachforschungen in Österreich erhält das Bundesdenkmalamt eine Kopie des französischen Protokolls. Schirach sollte über den Erwerb und Verbleib von zwölf Werken Auskunft geben, und diese hört sich so an: Zwei habe er nicht besessen, eine Landschaft Mompers habe er zurückgegeben, die übrigen Objekte einschließlich Renoirs *Paysage avec baigneuse* seien ebenso von Welz oder im Pariser Kunsthandel gekauft worden. Schirach gibt an, nicht zu wissen, wohin sie nach seinem Abgang in Wien gekommen seien. Rodins *Petit penseur* (1941 in Galerie Welz um 12.000 RM gekauft) sei in den Luftschutzkeller der Hofburg verlagert worden und dort bis zum Einmarsch der feindlichen Truppen gewesen. Die Frage, ob er nicht das Bedürfnis gehabt habe, seine persönliche Habe in Sicherheit zu bringen, beantwortet Schirach arrogant: „Ich gehöre nicht zu den Leuten, die daran denken, ihre persönliche Habe in Sicherheit zu bringen."[159] Nach Aussage seiner Frau Henriette sollen Kunstwerke bei einem Bauern im Pinzgau hinterlegt worden sein.[160] Alle diese verdeckten Spuren laufen im Fluchtpunkt der „Dienststelle Dr. Mühlmann" zusammen. Auch diese hatte Schirachs Bedürfnis nach Glamour und Glorie zu stillen versucht.

Haut Commissariat de la République française en Autriche sucht am 15. April 1952 eine Landschaft von Appian, zwei weibliche Akte von Renoir und zwei Skizzen von Delacroix, die in einem Konvolut von 82 Werken im Jahr 1948 der Salzburger Landesregierung übergeben worden waren. Dabei ist zu beachten, dass die fünf Franzosen nicht zu den 23 Werken gehören, die Welz expressis verbis beansprucht und 1949 offiziell erhalten hatte.[161] Die Verteilung der übrigen 59 Werke ist anhand der Akten im Bundesdenkmalamt nicht nachzuvollziehen. In der Aktennotiz vom 9. Juni 1952 heißt es bloß: US-Behörden haben bei Welz 82 Werke sichergestellt. Davon seien 23 in Verwahrung der Salzburger Landesregierung (Residenz-Depot). Die übrigen seien im Landesmuseum gelagert. Das Eigentum sei nicht in jedem Fall gesichert: Land Salzburg oder Welz. Die 23 Objekte habe Welz wieder zurückerhalten, darunter keines der von den Franzosen beanspruchten.[162]

Erika Doberer-Kirchner (Landeskonservator für Oberösterreich) hat mehrmals in Salzburg recherchieren müssen. Sie informiert am 28. Juli 1952 das Bundesdenkmalamt in Wien:

„In Erledigung des obzit. Erlasses gestattet sich die Gefertigte zu berichten, daß sie sich auftragsgemäß in das Städtische Museum Salzburg begeben hat, um bei dem Leiter desselben, Herrn Direktor Funke, über den derzeitigen Standort der gegenständlichen 4 Gemälde [recte fünf,] anzufragen. Der Genannte erklärte, eine Auskunft nur vertraulich geben zu wollen, worauf die Gefertigte zwar zusagte, ihren Bericht als Reservatakt zu erstatten, jedoch im Sinne des obzit. Erlasses darauf hinwies, daß diese Anfrage über

Veranlassung der französischen Rückstellungskommission laufe. Der genannte Museumsleiter erklärte hierauf, daß seiner Erinnerung nach seinerzeit, etwa 1949/50, an den Kunsthändler Welz mehrere Gemälde zurückgegeben worden seien, darunter sicher das Bild von Appian und zwei kleine Aquarelle, Aktbilder von Renoir; wahrscheinlich auch die 2 Skizzen von Delacroix. Dieser Rückgabe habe Prof. Funke als Vertreter des Landes mit dem Vorbehalt zugestimmt, daß sie unbeschadet allfälliger späterer Claims erfolge." [163]

Der Wunsch des Museumsleiters, die Auskunft vertraulich zu behandeln, kann nur einen Grund haben: Kunstwäsche durch eine öffentliche Institution in ihrer Vertrauensstellung gegenüber der US-Kommission (Evelyn Tucker). Lediglich acht der 82 überstellten Werke waren inventarisierter Kriegsbesitz der Landesgalerie. Der Anspruch von Welz auf 23 Bilder sollte bescheiden wirken. Die geheime Verteilung des „pre-war Austrian property" ist aber anders ausgefallen: Denn im Jahr 1949 präsentiert die Galerie Welz einige Bilder aus dem größeren Kontingent, das Welz nicht beansprucht hatte. Welz und Funke haben sich also die Kriegsbeute geteilt, wobei Welz sicherlich den Löwenbrocken schlucken durfte: auch die vier Schiele-Bilder (Vorbesitzer Heinrich Rieger), einen Dobrowsky (Anspruch der Rieger-Erben auf ein verschollenes Bild gleichen Titels) und die gesuchten fünf Franzosen. Das ist die sichtbare Spitze der institutionalisierten Kunstwäsche.

Der Katalog „Französische Kunst des 19. Jahrhunderts" (1941) nennt Werke, die im Inventar der Landesgalerie nicht zu sehen sind, daher vermutlich in den Besitz von Welz geraten sind, dann verkauft, versteckt oder getarnt wurden: Appians *Sommerlandschaft*, Charnays *Wasserfälle bei Saint Umrin*, Courbets *Landschaft mit Baum*, *Landschaft mit Wasserfall*, *Landschaft mit Ziegen* und *Felsenküste bei stürmischer Brandung*, Daumiers *Suppe*, eine Schlachtenskizze von Delacroix und Skulpturen – Torsi von Rodin –, alles Kunstwerke, die in der Vermisstenliste vom 15. Juni 1948 fehlen. Überdies sind auf dem Tauschweg 15 inventarisierte Werke französischer Herkunft in den Besitz von Welz gekommen. Ein weiteres Bild, das im Krieg nach St. Gilgen verlagert worden war, tauscht Welz gegen ein Bild von Padua. Ein anderes Bild transferiert er in das Wiener Geschäft. Im Jahr 1948 werden von den 17 Werken sechs vermisst. Auf das Konto der verantwortlichen Leiter Welz und Grimschitz, des Nachfolgers Funke sowie des Kustoden Josef Mühlmann gehen noch weitere vermisste Bilder. Eine Akte des Bundesdenkmalamtes besagt lediglich, dass der französische Hochkommissar am 15. April 1952 die schon erwähnten fünf Bilder von Welz und darüber hinaus zwei inventarisierte Bilder in Salzburg sucht: Schule Delacroix, *Christus am Galiläersee*, und J. A. Vallin, *Diana und Actaeon*.[164] Die US-Kommission hat 1948 aber 42 Bilder französischer Herkunft vermisst, die nicht verkauft worden waren – davon sind nach dem Abzug der Alliierten einige im Bestand der Salzburger Residenzgalerie.

Im Februar 1953 forscht Frau Doberer abermals nach französischen Bildern in Salzburg. Sie berichtet, dass die Gemälde in der Salzburger Residenz Welz nicht zuzuordnen seien.[165] Frau Doberer hat anscheinend im Jahr 1953 in der Residenz keine Kunstwerke erblicken können, die die US-Kommission 1948 vermisst hatte. Geheime Überläufer aus dem Kriegsbesitz in öffentliche Museen sind anhand der Papiere des Bundesdenkmalamtes nicht zu identifizieren. Damit die Geschichte nicht in die irrationale Spekulation und Verschwörungstheorie abgleitet, muss sie Namen und Konturen bekommen.

Vertrauliches Komplott und öffentliche Niedertracht

Die brisante „Niederschrift" vom 27. Juni 1952 ignoriert zwei Namen: Friedrich Welz und Paul Horner. Beide sind, gemeinsam mit Rigobert Funke, verantwortlich für die Unterdrückung von Beweismitteln über die Ursprünge und Vorbesitzer der Kunstwerke, über die Verteilung der Kriegsbeute und über die Tarnung der Überläufer. Dabei handelten Welz, Horner und Funke stets im Bewusstsein ihrer gegenseitigen Erpressbarkeit.

Das Verschweigen Horners hat einen triftigen Grund: Verschieben oder illegaler Verkauf von landeseigenen Kunstschätzen aus der Sammlung Burg Hohenwerfen (ehemals Erzherzog Eugen). Im Jänner 1950 betraut die Salzburger Landesregierung den Beamten Hans Lechner mit der Untersuchung der vermuteten Korruption. Horner wird angezeigt und, nach der raschen Einstellung des Strafverfahrens, frühpensioniert. Anstelle des Frühpensionisten erscheint in der Niederschrift vom Juni 1952 Hans Lechner, der Untersuchungsbeamte und spätere Landeshauptmann von Salzburg.

Die vertrauliche Niederschrift beschreibt auf Amtsdeutsch und in apologetischer Intention das Inventar der Salzburger Landesgalerie:

„Beginnend mit der laufenden Zahl 100, endigt das Inventar bei der Zahl 681. Wurden Kunstgegenstände verkauft oder getauscht, so findet sich in der Rubrik ‚Veränderungen und sonstige Bemerkungen' der entsprechende Vermerk datumsmäßig vor. Die summarisch erfolgte Anlegung des Inventars, Stichtag 8. 12. 42, zeigt, daß an diesem Termin eine Neubestandsaufnahme stattge-

funden haben muß, vermutlich im Rahmen der Landesgalerie, sodaß die vorliegenden Aufzeichnungen jedenfalls erweisen, daß die Kunstgegenstände bereits im rechtmäßigen Besitz des ehemaligen Reichsgaues waren. Ankaufs- oder Verkaufsbestätigungen konnten nicht festgestellt werden. Dies geht darauf zurück, daß vor und während des Einmarsches der Alliierten Truppen in Salzburg offenbar Aufzeichnungen nicht nur anderer Ämter, sondern auch beim Zweckverband [Salzburger Museum einschließlich der Landesgalerie,] abhanden gekommen sind. [...]" [166]

Die Niederschrift verbindet zwei widersprüchliche Aussagen über die inventarisierten Kunstwerke: rechtmäßiger Besitz des ehemaligen Reichsgaues einerseits und fehlender Nachweis des Eigentums andererseits – daher die Geheimnistuerei der am Komplott beteiligten Ämter, all der „rechtmäßigen" Erben eines Rechtsbrechers. Verantwortlich für die prolongierte Rechtsbeugung sind Repräsentanten der Landesregierung und des Magistrats sowie ihre politischen Auftraggeber, Landeshauptmann Josef Klaus (ÖVP) und sein Stellvertreter Franz Peyerl (SPÖ).

„Betreff" der Niederschrift ist die „Rückstellung von 37 dem Land Salzburg gehörigen Gemälden und Graphiken". Das war das Ergebnis mehrerer Verhandlungsrunden, in denen es um das „Eigentumsrecht" an den 37 Bildern ging. Wörtlich heißt es:

„In fortgesetzten Aussprachen zwischen den vorgenannten Herren wurde die Klärung angestrebt, über das Eigentumsrecht an 37 Bildern, Ölgemälden, Aquarellen, Graphiken und Handzeichnungen, die sich seit Mitte 1946 in Verwahrung des Museums der Landeshauptstadt befinden und aus Beständen des ehemaligen ‚Zweckverbandes Salzburger Museum' stammen. Vorher befanden sich diese Kunstgegenstände in der Obhut der Besatzungsmacht, Depot Hereszeugamt, Kleßheimerallee. Das Museum hat, um eine Ver-

schleppung bzw. Verbringung dieser Kunstgegenstände außerhalb Salzburgs hintanzuhalten, sich mit Erfolg um die Verwahrung bemüht. [...] Das Land Salzburg hat nun die Rückstellung der 37 in Verwahrung des Museums der Landeshauptstadt befindlichen Kunstgegenstände begehrt, die von der seinerzeitigen Landesgalerie dem Zweckverband mit Stichtag 1. Juni 1944 eingebracht wurden. Das Eigentumsrecht an den in Anlage A verzeichneten Kunstgegenständen wie Ölgemälden, Aquarellen, Graphiken und Handzeichnungen wurde gemeinsam geprüft und zwar an Hand einer Aufstellung über den Bestand der vom ehemaligen Gau in den Zweckverband eingebrachten Kunstwerke. [...] Über besonderes Befragen hat Professor Funke erklärt, daß er die in dem Inventar erfolgten Eintragungen auf ihre Richtigkeit nicht in Zweifel stellen kann. Es ist somit kein Grund vorhanden, das Eigentumsrecht des Landes an diesen 37 Kunstgegenständen in Zweifel zu ziehen. Unter voller Verantwortung kann daher die Rückstellung der in Verwahrung des Museums befindlichen Gegenstände an das Land vor sich gehen. Im Anhang, der einen wesentlichen Bestandteil dieser Niederschrift bildet, sind die 37 Kunstgegenstände verzeichnet und zwar beginnend mit der Ordnungszahl, laufenden Nummer gemäß Inventar unter Beifügung des Inventarisierungs-Datums. Das Land spricht durch Herrn Regierungsrat Dr. Lechner im Auftrage des Herrn Landeshauptmannes dem Herrn Museumsdirektor Prof. Rigobert Funke für die bisherige Verwahrung der Bilder den besten Dank aus." [167]

Signatare des Originalschreibens sind Regierungsrat Hans Lechner, Kustos Josef Mühlmann, Direktor Rigobert Funke, Kunsthistoriker Franz Fuhrmann sowie Oskar Hirt, Vorstand der Abteilung II im Magistrat, und Amtssekretär Hans Hangler. Diese Herren haben das Eigentumsrecht gemeinsam geprüft, jedoch die heikle Frage in der Niederschrift unterdrückt: Wie sind die 37 Kunstwerke vor dem 1. Juni 1944 in den Besitz der Landesgalerie gekommen? Sie haben sie wohl unterdrückt, weil ihnen allen die Antwort bekannt gewesen ist und nur ihnen allein bekannt sein sollte: durch Friedrich Welz. Andernfalls hätten die Herren laut gesagt, dass die 37 Bilder schon vor dem Anschluss Eigentum des Landes oder der landeseigenen Residenzgalerie gewesen seien, und somit kein Grund gegeben wäre, das Eigentumsrecht in Zweifel zu ziehen.

Die 37 Kunstwerke, die das städtische Museum gegenüber neugierigen Fragen abgeschirmt und dem angeblichen Eigentümer ausgehändigt hat, sind laut zitierter Niederschrift in der „Anlage A" aufgelistet. Dieses bedeutende Anhängsel fehlt bedauerlicherweise im Stadtarchiv. Solch amputierte Niederschrift muss Verdacht erregen. Die darin signalisierte Gefahr, „verschleppt", also restituiert zu werden, hat für Schätze bestanden, die aus dem besetzten Frankreich und aus „arisiertem" Privatbesitz in Österreich oder anderswo stammen. Evelyn Tucker hat sich gegenüber Österreich korrekt verhalten, hat fremdes Eigentum nicht wie Josef Mühlmann verschleppt und verschleppten Kriegsbesitz museal vergraben. Mühlmann und die anderen Männer haben die brisante Frage nach fremdem und privatem Eigentum verdunkeln müssen. Erst nach dem Abzug der Alliierten war es gefahrlos, die Kriegsbeute in die republikanische Auslagen zu stellen.

Doch schon im Jahr 1952 wurde das rituelle Spiel vom fremden Räuber gespielt, wurde in aller Öffentlichkeit den Franzosen ein Kriegsverbrechen unterstellt: sie hätten die von österreichischer Seite redlich erworbenen Kunstschätze verschleppt. Niemand anderer als Josef Mühlmann, SS-Hauptsturmführer,

Angehöriger der „Dienststelle Dr. Mühlmann" in Krakau, Den Haag und Paris, war seit 1951 Kustos der Salzburger Residenzgalerie. Als diese „Schatzkammer der Festspielstadt" nach 14jähriger Stilllegung am 3. August 1952 wieder geöffnet werden konnte, wurde die Feier von geharnischten und dunklen Worten begleitet:

„Im Rahmen der Veranstaltungen um die diesjährigen Festspiele eröffnete am Sonntag vormittag Unterrichtsminister Dr. Kolb die wiedererstandene Residenz-Galerie im dritten Stockwerk der Salzburger Residenz. Der nicht nur für Salzburg großen kulturellen Bedeutung gemäß, wurde das Ereignis mit aller Feierlichkeit begangen. [...] Ein großer Salzburger, der Bauernsohn aus Lofer, Anton Faistauer, war der Initiator, dem die Gründung der Galerie im Jahre 1923 durch Landeshauptmann Rehrl zu verdanken war. Leihgaben des Kunsthistorischen Museums in Wien und aus kirchlichem Besitz ergaben einen Grundstock, der nach und nach durch Ankäufe ergänzt wurde. Nach 1938 war die Galerie nicht mehr öffentlich zugänglich, und das Jahr 1945 wurde ihr vollends zum Verhängnis. Es mutet heute wie ein übler Scherz der Geschichte an, daß die französische Besatzungsmacht wertvollste Schätze der Galerie (aus landeseigenen Geldern erworben), unter dem Vorwand, sie seien von Hitler gestohlen worden, verschleppte. Trotz verschiedenster Eingaben und Proteste blieben diese Werke bis zur Stunde unauffindbar. [...] Anschließend führte Kustos Doktor Mühlmann die Gäste durch die Ausstellung." [168]

Internationales Renommee und krauser Rechtsstreit

Seit 1948 hat Welz einige beachtenswerte Ausstellungen organisiert: Kolig, Kubin, Thöny, Wotruba, Moore, Beckmann, Toulouse-Lautrec und Kokoschka. Künstlerisch wie politisch herausragend war die Schau von Skulpturen Fritz Wotrubas in der Residenz im Festspielsommer 1950. Die Hassobjekte der rechtsextremen Presse haben bloß 800 Gäste interessiert, während zur gleichen Zeit der Plastikenhain von Josef Thorak im Mirabellgarten 22.000 Schaulustige anlockt; der Kalte Krieg gegen die Moderne, organisiert vom Kulturamt der Stadt Salzburg.[169]

1950, schon mitten im Kalten Krieg, präsentiert das Münchner „Haus der Kunst" die erste umfangreiche Kokoschka-Retrospektive nach dem Zweiten Weltkrieg. Auf dieses in Österreich mit Unverständnis wahrgenommene Ereignis reagiert Welz politisch opportun: „In dem weltweiten Ringen zwischen Nihilismus und einem neuen Humanismus der gefestigten Werte, das in der europäischen Gegenwartskunst den stärksten Ausdruck fand, hat sich Kokoschka zum großen Gegenspieler Picassos erhoben. Es läge an Salzburg, vielleicht ein Forum für diesen Kampf der beiden Geistesrivalen abzugeben."[170] Welz unterdrückt die Münchner Intention, Kokoschkas Verfolgung und Vertreibung, vor allem sein humanitäres und politisches Engagement darzustellen. Stattdessen beschwört Welz den grassierenden kulturellen Grabenkampf: Kokoschka gegen Picasso, dessen *Friedenstaube* damals von der kommunistischen Propaganda benutzt wird. 1951 sind dann in München Picassos

Guernica und *Massaker in Korea* zu bestaunen. Für derlei hatte Salzburg aber, die Festspielstadt, kein kulturelles Fundament: denn es zeigt sich ein Mangel an Aufklärung, Weltoffenheit und Courage.

Als Welz seinen Kokoschka in die Festspielstadt geholt hat, haben die Bürger und Gäste weder über *La Passionaria* und *Helft den baskischen Kindern* noch über *Das rote Ei* und *Wofür wir kämpfen* streiten können. Das zuletzt erwähnte Bild aus dem Jahr 1943 wäre hier ein Skandal gewesen: Die geschundene Menschheit liegt auf dem Boden, dahinter steht ein Mensch wie gekreuzigt, gekennzeichnet mit „Perish Juda", umgeben von Attributen der Vernichtung und antikommunistischen Repräsentanten; und der Papst, abgewendet von der Menschheit, lässt eine Münze in die Sammelbüchse des Roten Kreuzes fallen. Doch es war nicht der rote Kokoschka, sondern der Ästhet Kokoschka, der sich bereit erklärt hat, ein internationales Sommerseminar, die „Schule des Sehens", zu leiten. Salzburgs Kulturpolitik allerdings hat die Heimkehr des „bolschewistischen" Emigranten blockiert, seine geplante Ansiedelung ist auf keine Gegenliebe gestoßen. Selbst Kokoschkas Stadtansicht *Salzburg vom Kapuzinerberg* wird vom offiziellen Salzburg ignoriert (und von München erworben). Nicht wiederholen sollte sich in Salzburg der Fall Bertolt Brecht – „Das Kommunistenpferd im deutschen Rom". Trotz dieser lächerlichen Ausgrenzungstirade kommt im Jahr 1953 die „Schule des Sehens" zustande, allein auf Initiative von Welz.

Doch internationales Renommee war das eine, ein nationales Publikum, das befriedigt werden sollte, das andere: Schon Ende der Vierziger Jahre hatte Welz zu Dichter-Lesungen in seine Galerie eingeladen und etwa Gertrud Fussenegger oder Paul Alverdes vorgestellt, die vom nationalen Salzburg seit dem Ende der Naziherrschaft vermisst worden waren. Der Nazi-Dichter Alverdes verfasst auch das Geleitwort zur Kubin-Monografie des ehemaligen Gaublatt-Redakteurs Wolfgang Schneditz. Mit diesen Künstler-Monografien im Verlag der Galerie Welz vermag der Kunsthändler seine alte Seilschaft zu aktivieren: Bruno Grimschitz publiziert über Wilhelm Thöny, Anton Mahringer, Giacomo Manzù, Vilma Eckl und Waldmüller. Die Serie füllt allerdings auch manche Lücken, die Verfolgung und Ausgrenzung „entarteter", sozialistischer und jüdischer Künstler gerissen hatte: Schiele, Klimt, Thöny, Kokoschka, Wotruba, Hrdlicka, Hundertwasser, Hausner, Bäumer und Chagall; und zugleich können bei Waldmüller, Schiele und Klimt heikle Provenienz-Fälle verdeckt werden.[171]

Niemand hat Welz dazu gezwungen – mutwillig zaubert er die Vergangenheit aus dem Hut. Am 27. September 1955, noch vor dem Abzug der Alliierten, wollte Friedrich Welz die 1944 getauschten 38 Bilder österreichischer Herkunft zurückhaben.[172] Davon waren einige restituiert worden. In Verbindung mit dem Anspruch Robert Riegers hatte Welz über die Tauschobjekte in einem völlig verdrehten Sinn fabuliert: „Eine diesbezügliche Schenkungserklärung an die Landesgalerie aus dem Jahre 1943 liegt wohl vor, hat aber vermutlich nach dem gegenwärtigen Stand der Dinge keine Rechtskraft." Diese Version mündet in einem unverschämten Ansinnen: Rieger solle sein Erbe einer öffentlichen Sammlung in Österreich überlassen, und zwar „in pietätvoller Weise".[173] Fünf Tauschobjekte ein-schließlich *Wally von Krumau* hatte das Land Salzburg im Restitutionsverfahren herausrücken müssen. Weitere neun einschließlich Pausers *Halbakt mit Tulpen* (Heinrich Rieger) waren im Jahr 1947 unbekannten Ortes. Welz wusste, dass öffentliche Institutionen Kunstwerke speichern lassen, die nicht freigegeben oder restituiert worden waren. Er hatte im Dezember 1949 gegenüber Mr. Shaw verärgert bemerkt, die Amerikaner sollen doch den Landeshauptmann (Josef Klaus), Funke und noch ein paar andere aufsuchen. Diesem Wink ist die US-Kommission anscheinend nicht konsequent nachgegangen. So hatte der listige und eitle Händler ein Druckmittel, das er einsetzen konnte: gegen die Missachtung und Ausgrenzung, oder anders gesagt: um wieder zu einer führenden Position im Salzburger Kulturbetrieb, nämlich zum Leiter der Residenzgalerie zu avancieren.

Vorgeschoben hat Welz seinen Anspruch auf 38 Kunstwerke, ungeachtet aller „Pietät" gegenüber dem ermordeten Juden Heinrich Rieger. Am 22. Dezember 1955 – nach der verzögerten negativen Antwort des Landeshauptmannes, dem es nur um den Besitzstand ging – verbalisiert Welz seine Motive für den fragwürdigen Anspruch:

„[...] Ich möchte Ihnen daher heute die Beweggründe schildern, die mich veranlaßten, einen Restitutionsanspruch an die Residenzgalerie zu stellen. Ich bin, wie gesagt, seit Jahrzehnten Vorkämpfer für die Anerkennung österreichischer Kunst und glaube, daß ich auch für die Öffentlichkeit einen nicht unwesentlichen Erfolg ausweisen kann. Anerkennung für meine Tätigkeit wurde mir insbesondere im Ausland zuteil. [...] Sie haben, anläßlich der Eröffnung der Czernin-Sammlung, fast zwanzig Minuten lang den Dank der Landesregierung an alle Persönlichkeiten namentlich ausgesprochen, die mit dem Entstehen und dem Aufbau dieser Galerie in Zusammenhang standen. Meinen Namen zu erwähnen haben Sie vergessen, obwohl ich jahrelang an dem Aufbau dieser Galerie al-

lein tätig war und noch dazu das Gefühl haben musste, daß ein Teil des eigenen Bestandes der Galerie - und nicht der schlechteste – aus meinem persönlichen Eigentum stammte. [...]" [174]

Korrekterweise hätte Welz sich nur rühmen dürfen, die Einrichtung des Reichsgaus mit öffentlichen Mitteln aufgebaut zu haben; zudem war ja der überwiegende Teil aus dem besetzten Ausland und der restliche aus „arisierten" Vermögen oder dubiosen Quellen gekommen. Wenige Kunstwerke waren schon vor 1938 öffentliches Eigentum oder persönlicher Besitz von Welz. Dessen unlauterer Anspruch hatte mit der Residenzgalerie nur insofern zu tun, als diese die geheime Erbin des Kriegsbesitzes war.

Welz hat sich in seinem Vorhaben von Rechtsanwalt Albert Reitter vertreten lassen – und damit von seinem ehemaligen Chef im Reichsgau Salzburg. Diesen informiert das Amt der Salzburger Landesregierung am 3. Februar 1956 über den Rechtsstandpunkt:

„In ob. Angelegenheit wurden noch weitere Erkundigungen und Expertengutachten eingeholt, auf Grund derer das Amt der Salzburger Landesregierung in der Überzeugung bestärkt wurde, daß die beiden Rechtsgeschäfte Kauf und Tausch, ihre Rechtsgiltigkeit nicht verloren haben, daß daher die Residenzgalerie bzw. das Land Eigentümer der eingetauschten Bilder ist. Sosehr das Land anerkennt, daß die Beschlagnahme der französischen Bilder für Herrn Welz eine außerordentliche Härte darstellt, so kann das Land nicht für diesen Schaden, der wie Bomben- oder Kriegsschäden oder wie die übrigen rechtswidrigen Beschlagnahmen zu werten ist, verantwortlich gemacht werden, wurde doch das Land im weit grösseren Ausmaß durch eine gleiche Beschlagnahme seiner französischen Bilder geschädigt. [...]" [175]

Am 20. Juli 1956 beendet das Präsidium des Landehauptmannes den Streitfall, und dem Rechtsstandpunkt entsprechend zugunsten des Landes: „Die Landesregierung hat nach Kenntnisnahme des Berichts zum Gegenstand einstimmig beschlossen, im Hinblick auf die vorliegenden Rechtsgutachten jeden Vergleichsvorschlag von Friedrich Welz bzw. dessen Rechtsvertreter in dieser Sache abzulehnen. [...]"[176]

Im Zusammenhang mit dieser Ablehnung hat die Salzburger Landesregierung – dieses Mal nach dem Abzug der Alliierten – ihren Rechtsstandpunkt bezüglich der Kunstwerke französischer Herkunft dargelegt. Deren Beschlagnahme sei rechtswidrig gewesen – Raub und Siegerwillkür? Daraus lässt sich ableiten: Das Land Salzburg hat auf die restituierten Kunstwerke einen Rechtsanspruch; dieser unterbleibt, da er auf Geschäften des Rechtsbrechers ohne Nachweis des Eigentums (Rechtstitel) beruht. Gemäß der Moskauer Deklaration (Unabhängigkeitserklärung) war die Republik Österreich ein Opfer der Hitler-Aggression. Das demokratisch legitimierte Bundesland Salzburg aber verstand sich als Rechtsnachfolger des Reichsgaues Salzburg, expressis verbis als Geschädigter der Besatzungsmächte, die gemäß Londoner Deklaration alle während des Krieges entzogenen Kulturgüter eingefordert hatten. Ignoriert wird von dem vermeintlich Geschädigten zum einen der Schaden der Vorbesitzer, die während der Besatzung und Verfolgung zu Schleuderpreisen verkauft hatten, zum anderen der Schaden der Kunden, die kriegswirtschaftlich bedingt hohe Preise zu zahlen und dann ihren Kriegsbesitz zurückzugeben hatten. Der vermeintlich Geschädigte kassierte den Kriegsprofit des Rechtsbrechers und überdies dessen gut verborgenen Schatz, der erst nach dem Abzug der Alliierten zum Vorschein kommt.

Fackelträger des abendländischen Geistes

Salzburg, die Mozart-Stadt, im Jahr 1956: Man feiert den 200sten Geburtstag des Genius loci. Die jungen Künstler sollten in der gegenwärtigen Epoche dem Schöpferischen treu bleiben und Fackelträger des abendländischen Geistes sein, fordert der Festredner Oskar Kokoschka am ersten „Akademischen Tag". Der künstlerische Leiter der „Schule des Sehens", der Internationalen Sommerakademie für bildende Kunst, vergattert seine Kunsteleven zu einem Fackelzug und einer Mozart-Huldigung. Kokoschka, der anfänglich politisch Ungeliebte, spielt nun in Salzburg für dessen Renommee eine gewichtige Rolle. Seinen 70. Geburtstag feiert das offizielle Salzburg mit großem Nachdruck: Landeshauptmann Klaus überreicht dem Jubilar die „Goldene Medaille", Grimschitz hält die Festansprache und würdigt dabei O. K. mit den Worten: Er sei in seiner geistigen Identität mit dem antiken Stoff ein tief deutscher Künstler und der äußerste Gegenpol zu Picassos Zertrümmerung des Sichtbaren.[177]

Wie andere auch, hat sich Kokoschka vor den politischen Karren spannen lassen. Einer, der sich einmal nicht anpassen wollte, war Rigobert Funke, der Präsident des Salzburger Kunstvereins und Direktor des Museums Carolino Augusteum. Er wurde pensioniert, nachdem er es gewagt hatte, am Befreiungstag den Alliierten einschließlich der Roten Armee zu danken, und damit gegen den einstimmigen Beschluss des Salzburger Landtags im Jahr 1954 (!) verstoßen hatte, den Befreiungstag künftig nicht mehr zu feiern. Stadt und Land haben einen politisch zuverlässigen Museumsdirektor bestellt: Kurt Willvonseder, 1939 Leiter der Abteilung für Bodenaltertümer des Instituts für Denkmalpflege in Wien, 1943 Professor für Urgeschichte in Innsbruck, Mitglied der Allgemeinen und der Waffen-SS, nach dem Krieg Internierter im Camp Marcus W. Orr (Salzburg, Glasenbach).[178]

Im Jahr 1963 scheiden Kokoschka und Welz aus der Sommerakademie. Diese wie auch der Salzburger Kunstverein wird dann von Hermann Stuppäck geleitet, dessen Vergangenheit im Kalten Krieg ebenso von Nutzen ist: Mitglied der NSDAP seit 1932, Gründer und Leiter des illegalen NS-Kulturamtes in Wien, kommissarischer Staatssekretär für Kunst und Kultur, Generalkulturreferent Baldur von Schirachs, seit 1945 Wahlsalzburger wie andere Nazis, die sich die braune Farbe vom Schnürlregen abwaschen ließen und hier nach und nach führende Positionen in der Kultur besetzten.[179]

Die Stadt Salzburg hat Friedrich Welz mit dem Kokoschka-Preis geehrt, obendrein mit dem Wappenring „für seine Verdienste als Förderer der bildenden Künste in Salzburg, als Gründer und Mitbegründer verschiedener kultureller Institutionen, Veranstalter bedeutender Ausstellungen und als Herausgeber hervorragender Kunstpublikationen". Von all diesen Verdiensten wird eines besonders hervorgehoben: die Gründung der „Modernen Galerie und Graphischen Sammlung" im Rupertinum und die Stiftung von Kokoschkas druckgrafischem Werk. Das Rupertinum in unmittelbarer Nachbarschaft der Galerie Welz hat aus der Residenzgalerie die bereits klassische österreichische Moderne übernommen, die teilweise mit verdeckter Provenienz von Friedrich Welz erworben worden ist.[180]

Friedrich Maximilian Welz stirbt im Februar 1980. Eineinhalb Jahre vor seinem Tod widmen ihm die Mitarbeiter seiner Galerie eine Laudatio, die Angelica Bäumer mit dem Satz schließt: *„All diese Ehrungen sind ein Beweis zwar für die Anerkennung der außergewöhnlichen Leistungen eines außergewöhnlichen Mannes, aber die wahre Würde trug und trägt Welz in sich selbst, und die viel höhere Ehre hat er sich in seinen vielen Unternehmungen selbst geschaffen, als ein Mann, der in einer Zeit der Massengesellschaft und des Teamgedankens die hohen und wahren Werte der Kunst erkannt und sein Teil dazu beigetragen hat, daß diese Werte nicht verloren gehen, daß sie weitergetragen werden in zwar immer neuer Form, aber als bleibendes Gut, solange es Menschen gibt."* [181]

Residenzfähig: Drittes Reich

Kunstwerke, die vor dem Jahr 1938 Eigentum der Salzburger Residenzgalerie waren, sind im ersten Band der Sammlungsgeschichte aufgelistet, der 1998 in der Redaktion von Roswitha Juffinger und Gerhard Plasser erschienen ist. Das Cover der Publikation zeigt Hans Makarts *Bildnis seiner ersten Frau Amalie*, darüber steht kursiv der Titel *residenzfähig*.[182] Makarts *Amalie* scheint das einzige Gemälde aus dem Altbestand der Residenzgalerie zu sein, das Friedrich Welz würdig schien, in die Landesgalerie des Reichsgaues Salzburg aufgenommen zu werden. Welche Gemälde aus dem gehorteten Kriegsbesitz haben Josef Mühlmann & Co. in den 50er Jahren „residenzfähig" gemacht?

In den 80er Jahren hat sich meine Recherche auf die Franzosen konzentriert, insbesondere auf die verschollenen. Diese seien von Unbekannten gestohlen worden, so habe ich vermutet – und nur den ersten Bestandskatalog der Residenzgalerie aus dem Jahr 1955 durchforstet, leider nicht den Ergänzungsband und die erweiterten Neuauflagen (1958, 1962, 1975, 1980, 1987), weshalb meine Suche ins Stocken geraten ist.[183] Aus diesem Grund habe ich auch die Information der Direktorin der Salzburger Landessammlungen, Roswitha Juffinger, im Jahr 1986 nicht als eine Desinformation wahrnehmen können:

„Sehr geehrter Herr Mag. Kerschbaumer!
Laut Information des Salzburger Landesarchives ist das Material über die Landesgalerie (Zeitraum 1939-1945) ebenso wie die Akten des Landesarchives nicht zur Einsichtnahme freigegeben. Zu

Ihrer Anfrage bezüglich jener Ankäufe, die Friedrich Welz in Paris für die geplante Landesgalerie getätigt hat, kann die Direktion der Residenzgalerie Ihnen daher keine Einzelinformationen zur Verfügung stellen. Aus den Akten geht hervor, daß Friedrich Welz die Kunstwerke für die Landesgalerie im Kunsthandel (ordungsgemäß mit Rechnungsbelegen) angekauft hat; es geht weiters aus den Akten hervor, daß diese Kunstwerke in den Jahren nach 1945 zurückgestellt wurden und sich nicht mehr in Salzburg befinden." [184]

„[...] Die im Inventarbuch der Landesgalerie angeführten ca. 450 Werke setzen sich wie folgt zusammen: ca. 280 Werke sind Ankäufe von Friedrich Welz, ausschließlich in Paris getätigt; ca. 170 Kunstwerke, die heute wieder Eigentum des Landes Salzburg bzw. des Bundes sind: Bestände der Residenzgalerie (Ankäufe seit 1923 durch HR Dr. Franz Martin), Ausstattungsbestände der Residenz sowie von Schloß Kleßheim, Ankäufe von in Österreich lebenden Künstlern: Steinhart, Kaufmann, Kolig, Zülow etc. (heute Eigentum des Landes; 1982 von der Residenzgalerie dem Rupertinum abgetreten). Etwa 100 der von Welz in Frankreich eingekauften Bilder sind als missing nach 1945 nicht mehr nachweisbar; bei 3 Bildern steht der Vermerk: bei Bombenangriff zerstört. In der Residenzgalerie Salzburg befinden sich meines Wissens keine Bilder, die aus den Ankäufen von Friedrich Welz in Paris stammen." [185]

Die Direktorin hat über die vermissten Kunstwerke Bescheid wissen müssen, die in den Bestandskatalogen, in den Prunkräumen und Depots der Residenz zu finden sind. Der Dumme aber war ich, da ich damals nicht einmal die Formulierung verstanden habe, ca. 170 Kunstwerke der Landesgalerie – Kriegsbesitz – seien „wieder Eigentum" des Landes oder Bundes. Ich hätte damals aber auch gar keine einschlägigen Überlegungen anstellen können, denn die betreffenden Dokumente blieben – trotz meiner Ausnahmegenehmigung – im Landesarchiv gesperrt. Erst über ein Jahrzehnt später, nach der Beschlagnahme zweier Schiele-Bilder in New York, hat Unterrichtsministerin Elisabeth Gehrer die Bundesarchive einschließlich des Denkmalamtes geöffnet. Nun habe ich einen Haufen Dokumente in den Händen gehalten, auch eine volumnöse deutsche Abschrift der englischen Abschrift des Inventars der Landesgalerie sowie diverse Suchlisten.

Ich habe mich auf die Suche gemacht – gemeinsam mit einem agilen kunstsinnigen Freund. Der ist wortlos und schnurstracks in die Prunkräume der fürsterzbischöflichen Residenz gegangen, sieht dort etliche Bilder aus dem Kriegsbesitz österreichischer Herkunft sowie die einmalige Signatur „I. Grimer 1575". Er blättert im abgegriffenen Katalog (Jahrgang 1980), der in der Residenz aufliegt, und hat im Nu zwei weitere Bilder „erworben 1941" im wachen Auge. Der Freund macht mir klar, dass ich belogen worden war, wie das naiven Menschen eben so passiert. Er meint, Tausende hätten die Bilder bestaunt, hätten im Katalog geschmöckert: Touristen, auch Kunststudenten und Professoren dieser Universität. Einer sei sogar Mitwisser des katalogisierten Komplotts: Professor Franz Fuhrmann, der mir einmal Grundbegriffe der Kunstgeschichte beigebracht hat. Fuhrmann hat die Öffentlichkeit, und das bereits 1955, über die ganze Angelegenheit informiert, freilich in verhüllend verklärendem Sprachduktus: Zu Beginn der 50er Jahre, als vermögensrechtliche Fragen zu klären gewesen seien, habe die Aufgabe in erster Linie darin bestanden, die Kunstwerke in ihren Verstecken aufzuspüren und in Evidenz zu halten. 1951 sei zum Kustos der Residenzgalerie Dr. Josef Mühlmann bestellt worden, der mit dem Salzburger Kunstleben eng verbunden sei – so Fuhrmann in seiner Geschichte der Residenzgalerie.[186]

Nun wandert mein prüfender Blick vom ersten bis zum letzten Katalog der Residenzgalerie: Die ersten Bilder aus dem Kriegsbesitz, je ein Narzisse Diaz und Jakob Grimmer mit Vermerk „erworben 1941" (ohne den notorischen Erwerber), werden 1958 „residenzfähig", drei Jahre nach dem Abzug der alliierten Befreier. Wollten Mühlmann und Fuhrmann erproben, wie die Öffentlichkeit reagiert? Kein Protest, daher gewagt und gewonnen! 1962 folgt ein weiteres Bild französischer Herkunft: *Gebirgslandschaft mit Schäfer* von Jules de Genlis. Es taucht in den folgenden Katalogen nicht mehr auf: verkauft oder gespeichert wie andere Bilder „erworben 1941"? Das vierte erscheint erstmals 1975, dann wieder 1980: *Landschaft mit Bauern und Schafen* von Hendrik Mommers. Was nicht katalogisiert ist, kann dennoch gespeichert sein – ist meine Überlegung am Rupertitag 1999, als ich in der Residenz vor dem einzigen Bild aus Paris stehe: Jakob Grimmer (1525 - 1590), *Landschaft mit Staffage*, signiert „I. Grimer 1575", laut Inventar der Landesgalerie: Eingangswert 4.000 Reichsmark, 1943 nach St. Gilgen verlagert; von der korrekten Evelyn Tucker am 15. Juni 1948 auf die Vermisstenliste gesetzt, demnach nicht restituiert, im Salzburger Museum Carolino Augusteum versteckt, als „rechtmäßiges Eigentum" des Landes Salzburg „residenzfähig" gemacht: Betrug.

Während der aufregenden Spurensuche erinnere ich mich, dass ich zu Beginn der 90er Jahre, bei meiner Recherche über die Verfolgung Salzburger Juden, auf eine „Niederschrift" gestoßen bin, deren Brisanz mir damals nicht bewusst gewesen ist. Nun lese ich staunend, dass das Museum Carolino Augusteum 37 Bilder vor der Verschleppung aus Salzburg bewahrt haben soll. Da ich im Museum erfolglos um Auskunft bitte, informiere ich Hubertus Czernin, der am 21. September 1999 im STANDARD einen Artikel publiziert: „Geheimprotokoll über Verschwörung gegen Kunstrückgabe aufgetaucht – Der Salzburger Kunstskandal".[187] Dazu schweigt das offizielle Salzburg – Regierung, Ämter, Museum, Residenzgalerie, Rupertinum sowie die Universität.

Kurz vor der Nationalratswahl am 3. Oktober 1999 hat freilich ein recht nervöses politisches Klima geherrscht. Das bedeutet: Schweigen nach außen und Unterdrückung eines kaum angelaufenen Engagements im Innern. „Thema ‚Beutekunst' als Aufgabe der Salzburger Kulturpolitik zu forcieren" – der Salzburger Landes-Kulturbeirat, Vorsitzender Hans Peter Kaserer, hat im Juli 1999 neun Experten um Stellungnahme gebeten, darunter auch mich. Ich habe noch im selben Monat mein Statement an die angegebene Adresse geschickt, leider nicht eingeschrieben. Im Oktober frage ich Hilde Fraueneder, die Initiatorin der kulturpolitischen Aufgabe, wann die Kommission wirken dürfe. Da muss ich erfahren, dass ich als potentieller Experte nicht geantwortet hätte. Gleich faxe ich dem Vorsitzenden meine zweiseitige Antwort vom 30. Juli, freilich wieder ohne jede Reaktion.[188]

Zuweilen finden sich Lücken in der Kontakt- und Informationssperre: In einer illustren Vernissage am 7. Oktober 1999 frage ich ohne Umschweife einen verantwortlichen Politiker, wie das Land mit seiner verborgenen Beutekunst umzugehen gedenke. Othmar Raus, Landesrat für Kultur, erwidert sichtlich genervt: Ein Experte sei schon am Werk. Annähernd siebzehn Kunstwerke Pariser Herkunft seien gefunden worden, auf die bisher niemand einen Anspruch gestellt habe. Sie werden im

Dezember im Internet veröffentlicht werden. Man warte, bis sich jemand melde. Man wolle die Kunstwerke nicht verschleudern. Diese Aussage will ich nicht langatmig deuten. Mit dem STANDARD-Artikel sind Politik und Bürokratie unter Druck geraten, verweigern aber nach wie vor eine externe Kontrolle und öffentliche Debatte. Als am 16. November 1999 die Salzburger „Grünen" (Cyriak Schwaighofer und Helmut Hüttinger) Österreichs Medien über Salzburger Beutekunst informieren, regt sich Courage (siehe *Salzburger Nachrichten, Kurier, Standard, Kunstfehler* und *ORF*). Werner Thuswaldner fordert: „Rückhaltlos offen legen"; Renate Lachinger demonstriert im Regional-Fernsehen Beutekunst der Residenzgalerie.[189] Dennoch schmettern die Salzburger Regierungsparteien (ÖVP und SPÖ) den Antrag der „Grünen" im Landtag ab, eine unabhängige Expertenkommission zu berufen. Das fadenscheinige Argument lautet: Man habe eigene Experten im Amt. Diese äußern sich apologetisch: Die Direktorin der Residenzgalerie vermisst Eigentumsnachweise für die Zeit vor 1938; der Direktor des Landesarchivs verzaubert den Reichsgau Salzburg samt Friedrich Welz in ein kleines Würstl.[190]

Legislative und Exekutive lassen sich von ihren weisungsgebundenen Experten bedienen. Fremden soll der Zugang zu geheimen Dokumenten verwehrt bleiben. Ich ersuche Landeshauptmann Franz Schausberger, die gesperrten Archivalien einsehen zu dürfen; andernfalls solle mir die Rechtsgrundlage für die Sperre erklärt werden. Ich frage auch, ob sich das Bundesland als Rechtsnachfolger des Reichsgaues verstehe. Nicht der Historiker Schausberger, sondern der Landesamtsdirektor teilt mir am 29. November 1999 umständlich und zugleich bestimmt mit: Das Land Salzburg habe das Salzburger Landesarchiv beauftragt, zur Offenlegung eines Großteils der Fragen in Verbindung mit seinen Kunstsammlungen das Inventarbuch der Landesgalerie in Buchform zu publizieren. Bis dahin bleibe das Original des Inventars unter Verschluss.[191] Mit dieser Replik, die nicht signiert ist, weiß ich, dass die Sperre keine Rechtsgrundlage hat. Man will nur einen „Großteil der Fragen" offenlegen, das heißt: Zeit gewinnen und Spuren verwischen. Auch meine zweite Frage muss ich mir selbst beantworten: Das Bundesland will für Verfolgung und Kriegsgewalt nicht verantwortlich sein, bloß deren Früchte kassieren.

Wir feiern das neue Jahrhundert – bald 55 nach Kriegsende –, doch die angekündigte Internet-Publikation will sich nicht einstellen. Am 28. Jänner 2000 beantwortet Landesrat Raus meine Nachfrage. Er sagt, man habe am 22. September 1999 – am folgenden Tag des STANDARD Artikels entsprechende Schritte gesetzt, um in diesem Fall höchstmögliche Transparenz herzustellen, fügte jedoch hinzu, die Internet-Publikation über französische Werke habe wegen der bevorstehenden Publikation des Inventars entfallen müssen. Schließlich will Landesrat Raus wissen, was ich weiß, vermutlich um höchstmögliche Gegen-Transparenz herzustellen.[192]

Die Sperre des Originals ist lächerlich. Denn alle archivierten Materialien der U. S. Allied Commission Austria können in Washington D. C., Koblenz und Wien abgerufen werden. Eine englische Abschrift des Inventars verwahrt das Bundesarchiv Koblenz, ein deutschsprachiges Pendant das Bundesdenkmalamt. Bedauerlicherweise sind die Originale des Inventars und der Geschäftsunterlagen in die Hände von Salzburger Beamten gefallen. Ich erinnere: Als Oberregierungsrat Horner im Bett gelegen ist, hat Welz in der Residenz dem „Business Enterprise" einen Besuch abstatten können. Diese Beweismittel wurden am 26. Jänner 1949 der Jurisdiktion der Salzburger Landesregierung übergeben: 9 Office books, 11 Envelopes with photos of paintings and other art objects, 15 Folders with correspondence, 1 Box with letters und bills, 2 Folders account-extracts. Über deren Verbleib will das Land Salzburg keine Auskunft geben.

Das Inventar wurde in den 50er Jahren vom Kustos der Residenzgalerie, Kunsträuber Josef Mühlmann, bearbeitet. Für Manipulationen und Unterdrückung brisanter Beweismittel sind die Salzburger Regierung und deren Amt verantwortlich. Residenzgalerie und Landessammlungen werden amtlich verwaltet. Im Auftrag der Landesregierung bearbeitet nun Fritz Koller, Leiter des Salzburger Landesarchivs, das gesperrrte Corpus delicti, offensichtlich zielorientiert. Denn eine Fassung besonderen Zuschnitts ist auf dem Amtsweg in Paris gelandet, über diesen Umweg im Februar 2000 in meiner Post.[193] Die Archiv-Bearbeitung für das Musée de Louvre, Département des Peintures, hat mich aus der Fassung gebracht. War es ein Sehfehler, gerade jene vier Bilder französischer Herkunft vergeblich zu suchen, die fluktuierend in Bestandskatalogen der Residenzgalerie erscheinen? Oder steckt hinter den Lücken eine Absicht, eine List, eine Infamie?

Ich vergleiche und zähle. Es sind zwanzig Kunstwerke einschließlich der vier schon entdeckten in der Residenz. Zwanzig vergisst also das Landesarchiv, in die bearbeitete Fassung des Inventars für den Louvre einzutragen. Nun wünscht Mme. Claude Lesné, Département des Peintures, von mir zu wissen, welche Kunstwerke ihr vorenthalten werden. In der Antwort äußere ich die Vermutung, es seien 20 „residenzfähige" Franzosen. Mme. Lesné informiert mich, dass sich eines der 20 Bilder

– le *Portrait de femme* attribué à Courbet d'après Vigée-Lebrun – nicht in der Residenzgalerie befinde, da es in den 50er Jahren restituiert und in das Musée des Beaux-Arts in Besançon transferiert worden sei.

Nach dieser Information aus Paris vom Februar 2000 weiß ich, dass mindestens 19 Kunstwerke französischer Herkunft in der Residenz gespeichert sind, von denen nur vier in den Bestandskatalogen auftauchen. Das unscheinbare Wörtchen „mindestens" betone ich, weil noch etwa 24 Werke verschollen sind, die während des Krieges nicht verkauft worden waren. Mit den verkauften sind es etwa 120 inventarisierte Kunstwerke, die verschollen sind. Darüber hinaus muss es einen heimlichen Bestand gegeben haben, weil nirgendwo im Inventar folgende Käufer vermerkt sind: Reichsminister Todt, Gauleiter Rainer und Scheel, Gauamtsleiter Springenschmid, die Architekten Strohmayr und Reitter, das Hotel *Österreichischer Hof* und das Kunsthistorische Museum in Wien. Auch die Rückgabe der sogenannten Einrichtungen, Mobiliar und Gobelins, ist anhand der vorhandenen Dokumente nicht zu überprüfen. Schließlich sind nochmals jene Kunstwerke anzuführen, die Welz im Jahr 1941 ausgestellt hatte und daher zu identifizieren sind, höchstwahrscheinlich aber nicht restituiert werden konnten: Appians *Sommerlandschaft*, Charnays *Wasserfälle bei St. Umrin*, Corots *Waldlandschaft*, Courbets *Landschaft mit Baum*, *Landschaft mit Wasserfall*, *Landschaft mit Ziegen* und *Felsenküste bei stürmischer Brandung*, Daumiers *Suppe*, Delacroix' *Schlachtenskizze* und Rodins *Bürger von Calais* (Skulpturen-Torsi Kopf und Hände).

Nach dieser kurzen Bilanz werfe ich noch einmal einen Blick auf österreichische Kunstwerke. Etwa 170 Kunstwerke der Landesgalerie seien „wieder Eigentum" des Landes oder Bundes, hat die Direktorin der Residenzgalerie gesagt. Sie übertreibt, gelinde gesagt. Denn vor dem Anschluss haben nur zwei Bilder dem Bundesland Salzburg gehört: Makarts *Amalie* und Faistauers *Richard Mayr*. Bei vielen anderen Bildern sind Erwerbsjahr und Eigentumsverhältnisse unklar. Welz hat den überwiegenden Teil der Inventar-Serie 449 bis 617 auf dubiose Weise in der Nazi-Zeit erworben: teils mit Hinweisen auf die Herkunft, teils „o. B." und mit Vermerken im Inventar, die nicht zu überprüfen sind oder nur aus dem Dreh der Inventar- und Fakturen-Nummern bestehen: Kunstwäsche.

Die US-Kommission hatte dem Land Salzburg von den ca. 170 Kunstwerken nur etwa 115 übergeben können. An die 50 Bilder waren anscheinend verschollen (Lücken oder unbekannten Ortes). Das ist ein volumnöser Haufen, der versumpft zu sein scheint. Hinzu kommt noch, dass der Amerikanerin Evelyn Tucker die Vorbesitzer des „pre-war Austrian property" verheimlicht worden waren: beispielsweise von Schieles *Wally* (Lea Jaray, 1950 den Rieger-Erben übergeben), Faistauers *Schloss Saalhof in Maishofen* (Dorotheum 23. Mai 1944) und *Landschaft bei Maishofen* (Otto Nirenstein), Rudolf Alts *Apfelbäume in Goisern* (1942 ohne Beleg) und *Blick auf Salzburg vom Stein* (Neue Galerie, Wien), Halauschkas *Bad Ischl* (Stiasny, Wien), Pausers *Blick auf das Zentrum von Paris* (?), Johann Michael Rottmayrs *Beweinung Christi* (Hinrichsen, Altaussee), Sattlers *Dreifaltigkeitsgasse* und Spitzwegs *Festung Hohensalzburg* (beide von Kajetan Mühlmann) und Max Slevogts *Herrenbildnis* (Jakob Wassermann, Altaussee / Hinrichsen).

Slevogts *Herrenbildnis* (signiert Slevogt 31) findet sich unter diesem Bildtitel im ersten Bestandskatalog der Residenzgalerie des Jahres 1955 – „Erworben 1944 in Salzburg (Landesg. 524)"

– auch hier wird der Erwerber bewusst verschleiert, der im Krieg den Namen des porträtierten Herrn anonymisiert hatte. Im Katalog des Jahres 1962 bekommt der Herr seinen Namen: *Bildnis des Dichters Jakob Wassermann* – mit einem Hinweis: „Vgl. dazu eine dem Bildnis fast gleichartig in Haltung und Lebensalter aufgenommene Photographie bei: Soergel-Hohoff, Dichtung und Dichter der Zeit, 1961, Bd. I, 768." So war jedenfalls im Jahr 1962 der Residenzgalerie bekannt, wer der Vorbesitzer des Bildes aus Altaussee gewesen ist. Damals hätte man die Adresse seiner Witwe Marta Karlweis-Wassermann oder ihres Sohnes in Altaussee (Villa Wassermann) ausforschen müssen. Dieser Schritt ist verabsäumt worden. Ein Zeitzeuge erzählt folgende Geschichte: Welz selbst habe geplaudert und damit die Direktion der Residenzgalerie in Zugzwang gebracht, der aber nicht soweit gegangen sei, dass auch die Erben über die Entdeckung informiert werden. Das soll dann aber der emigrierte Komponist Egon Wellesz nach einem Besuch in der Residenz getan haben. Das *Bildnis des Dichters Jakob Wassermann* aus der „arisierten" Villa Wassermann (Berliner Galerist Hinrichsen) wollte die Residenzgalerie nicht zurückgeben, doch sie war dazu einige Jahre später gezwungen – durch das Rückstellungsverfahren, das die Witwe angestrengt hatte.

Von den ca. 170 Kunstwerken einschließlich der verschollenen tauchen lediglich 37 in den Bestandskatalogen der Residenzgalerie auf. Wer hat den größeren Haufen bekommen, der versumpft zu sein scheint? Darauf gibt es eine Antwort: die Residenzgalerie. Viele Kunstwerke sind zwar inventarisiert, jedoch nicht in die Bestandskataloge aufgenommen worden – vermutlich der fatalen Optik wegen. Der Untertitel lautet nämlich glanzvoll „Residenzgalerie mit Sammlung Czernin und Sammlung Schönborn-Buchheim". Hier fehlt der kleinbürgerliche Sammler Friedrich Welz, dessen Name offensichtlich diskreditiert war, aber hinsichtlich seines beigesteuerten Quantums an die erste Stelle gerückt werden müsste. Denn 70 Werke aus dem Kriegsbesitz der Landesgalerie, die in den Bestandskatalogen vermisst werden, prunken in einem anderen Katalog, der 1988 erschienen ist: „Salzburg als Motiv. Die Graphiksammlung der Residenzgalerie Salzburg".[194]

Ausnahmslos wird hier der Kriegsbesitzer verschwiegen: der Reichsgau Salzburg. Alle Hinweise fehlen, oder sie werden gelegentlich durch Falschangaben wie „BRD" ersetzt: Führichs *Wolfgangsee*, „PROVENIENZ: Erworben 30. 8. 1944 in Prien, BRD (Landesgal. Nr. 612)". Rudolf Alts *Blick auf Salzburg vom Stein* will nicht vom Gauleiter in der „arisierten" Neuen Galerie gekauft worden sein. Sattlers *Dreifaltigkeitsgasse* und Spitzwegs *Hohensalzburg* flüchten sich in den „Privatbesitz". Im Geschäftsbuch der „Dienststelle Dr. Mühlmann" lese ich bei Spitzwegs Zeichnung die Herkunft „M. Frank, Hilversum". Bei August Schäffers *Watzmann* – im Jahr 1947 Standort unbekannt – versteckt sich hinter dem „Privatbesitz" Professor Grimschitz – Vermittler oder Verkäufer? Bei Heinrich Ottos *Hohensalzburg* mündet der Suchlauf in der Sackgasse: „RM 80, o. B." laut Journal Friedrich Welz. Das Motiv des „Motivs von Salzburg" ist die Verdunkelung der Kunstwäsche, der Herkunft, des Eigentums.

Das Salzburger Rupertinum, Museum für zeitgenössische und moderne Kunst, zeigte zur Jahrtausendwende „Um 1900", beworben mit Gustav Klimts *Unterach am Attersee* (1915) aus der Sammlung Viktor Zuckerkandl – von wem, wann und wie erworben? Am 30. März 1944 hatte Welz das Klimt-Bild gegen

Jongkinds *Rotterdamer Hafen im Mondlicht* getauscht. Jongkind hat restituiert werden können, dank Evelyn Tuckers Engagement. Das Klimt-Bild aber, seit 1944 im Besitz des Reichsgaues, verschwindet anscheinend im Residenz-Luftschutzraum. Der Standort war 1947 unbekannt: offensichtlich nur der US-Kommission. Denn diese hat den Klimt nicht freigeben können und ihn somit auch dem Land nicht ausgehändigt, das sowohl die Herkunft als auch den Anspruch feststellen sollte. Das vermisste Bild zählt zum verborgenen Schatz, der vor der „Verschleppung" aus Salzburg bewahrt werden sollte. Klimt darf erstmals im Staatsvertragsjahr 1955 ins öffentliche Licht treten (im ersten Bestandskatalog der Residenzgalerie).

Aus dem Kriegsbesitz der Landesgalerie soll das Rupertinum über 40 Kunstwerke haben, die in den 80er Jahren aus der Residenzgalerie übernommen worden sind. Den vollen Rest aus der Kriegszeit – etwa 120 Kunstwerke einschließlich der verborgenen – besitzt nach wie vor die Residenzgalerie. Das Land Salzburg muss Rechenschaft ablegen, wie es in den Besitz der verborgenen Bilder gekommen ist und wie die Vorbesitzer heißen.

Sechs Bilder der Landesgalerie haben die Erben nach Heinrich Rieger erhalten, auch Schieles *Wally von Krumau* anstelle einer vermissten Zeichnung, die im Jahr 1944 ausgestellt war. Pausers *Halbakt mit Tulpe* hat leider nicht restituiert werden können, weil es nach der Übergabe an das Bundesdenkmalamt verschwunden ist. Vier Schiele der Provenienz Heinrich Rieger hat das Land Salzburg dem Händler Welz ausgehändigt: *Hafen von Triest*, *Wiesenlandschaft mit Häusern*, *Allee* und *Bildstock* (Landesmuseum Joanneum in Graz, Österreichische Galerie in Wien bzw. unbekannte Besitzer).

Einiges läuft mit verdeckter Herkunft an den Protokollen und Freigabelisten der Nachkriegszeit vorbei, beispielsweise Waldmüllers *Kirche in Hallstatt* (Verkäufer Hinrichsen), Faistauers *Blumenstrauß* (Jakobs Mannheim) und *Atelierausblick* (ohne Beleg); Klimts *Dame in Weiß* (unbekannte Herkunft, von Welz 1948 um ÖS 4.000 der Österreichischen Galerie verkauft); Klimts *Sitzender Frauenakt*, Schieles *Sitzendes kleines Mädchen* und *Herrenporträt Arthur Rössler*, Faistauers *Pietá*, Emil Noldes *Ruhende Kühe* und zwei Skizzen von Delacroix (Auswahl der Verkäufe an die Wiener Albertina im Jahr 1948); und last but not least Corinths *Frauenporträt* (Wolfgang Gurlitt 1941, 3 000 RM) – ein Bild gleichen Titels befindet sich im Besitz des Salzburger Rupertinums (Welz-Stiftung 1977, ÖS 350.000).

Das Komplott scheint ins Bodenlose zu laufen. Die Landes- und Bundesmuseen und verantwortlichen Beamten und Politiker werden für den geheim gehorteten Kriegsbesitz, den Betrug und die Rechtsbeugung geradezustehen haben. Der verteidigte Besitzstand beruht auf nationalsozialistischer Verfolgung und Kriegsgewalt.

Post scriptum

Salzburg, am 13. April 2000:

An diesem Tag erscheint *Das Inventarbuch der Landesgalerie Salzburg 1942 – 1944*, bearbeitet vom Direktor des Landesarchivs Fritz Koller und herausgegeben vom Amt der Salzburger Landesregierung: ein volumnöser Prachtband mit einem Vorwort des Landeshauptmannes Univ.-Doz. Franz Schausberger.

Angesichts seines Umfanges waren einige Tage notwendig, um eine Stellungnahme abgeben zu können: Die Dokumentation ist beeindruckend, aber ich vermisse das sogenannte ursprüngliche Inventar der Galerie Welz, in dem alle „Erwerbungen" eingetragen sind – für die Provenienzforschung ist es unentbehrlich; das Inventar der Landesgalerie jedoch hatte im Krieg nur die Funktion der Kunstwäsche zu erfüllen – dessen aufwendige Dokumentation ist daher verlorene Liebesmühe.

Mein Kapitel „Vertrauliches Komplott und öffentliche Niedertracht" muss gestrichen werden, habe ich mir beim Lesen der Erläuterungen des Archivdirektors und seiner unverständlichen Kritik am STANDARD-Artikel von Hubertus Czernin einreden wollen – schon etwas zerknirscht. Doch beim Weiterlesen stoße ich auf folgende Sätze, die mich stutzig machen:

„Zwischen 1955 und 1958 wurden dann 19 von ihnen [von den Bildern französischer Herkunft] aufgespürt und der Residenzgalerie übergeben. [...] Einzelne Verluste bleiben bis heute unerklärlich, auch wenn man berücksichtigt, dass sowohl in das US-Warehouse als auch in Kleßheim wiederholt eingebrochen wurde und Welz für den Transport von St. Gilgen nach Salzburg den Vor-

fall von Unregelmäßigkeiten – glaubhaft – behauptete. Was eingezogen werden konnte, sei es Altbestand Residenzgalerie, sei es Erbe Landesgalerie, bildete den Gründungsfundus für die neue Residenzgalerie. Ihre Eröffnung durch Bundesminister Ernst Kolb am 3. August 1952 setzte gewissermaßen einen Schlusspunkt unter die Geschichte der ehemaligen Landesgalerie." [195]

Und schon wieder das rituelle Spiel vom fremden Räuber, muss ich leider feststellen – der Archivdirektor hat offensichtlich die Reports von Evelyn Tucker nicht gelesen, in denen Friedrich Welz als Lügner entlarvt wird, Welz als Lügner entlarvt wird, und darüber hinaus hat der Archivdirektor so manches Dokument geflissentlich übersehen oder falsch gedeutet.

Nicht zugänglich war mir die im *Inventarbuch* dokumentierte Denkschrift des Präsidiums des Landeshauptmannes von Salzburg vom 20. Oktober 1952 – sie war selbstverständlich „vertraulich". Der Verfasser ist Hans Lechner, der spätere Landeshauptmann, und der Adressat ist Landesamtsdirektor Rudolf Hanifle, der die Festansprache bei der ersten Ausstellung von Welz nach dem Krieg gehalten hatte. Aus dieser Denkschrift zitiere ich vier Sätze:

„Die Liste II verzeichnet jene Kunstwerke, die in Frankreich angekauft wurden, aber seinerzeit im Zuge der Restitution nicht ermittelt werden konnten. Es wird vorgeschlagen, diese Liste vorerst in Evidenz zu halten, Nachforschungen nach den verzeichneten Werken aber derzeit nicht anzustellen, da die Gefahr besteht, dass sie, falls aufgefunden, noch restituiert werden müssen. Bezüglich der Liste I wird von der Landesregierung zu beschließen sein, ob im Wege des Aussenamtes noch der Versuch unternommen werden soll, diese Werke von Frankreich zurückzuerhalten. Liste III stellt das Verzeichnis jener Bilder und Graphiken sowie Plastiken dar, die

seinerzeit in Österreich bzw. Deutschland angekauft, bzw. dort eingetauscht, sowie nicht restituiert wurden und seinerzeit, nach 1945, in der Residenz und im Städtischen Museum verwahrt waren und jetzt von der neuen Residenzgalerie in Bestand genommen worden sind."[196]

Ich brauche mein Kapitel „Vertrauliches Komplott und öffentliche Niedertracht" keinesfalls zu streichen, denn jene Denkschrift vom 20. Oktober 1952 sagt im Klartext um einiges mehr, als ich es zu deuten gewagt habe:

1.) Die Bilder, die nach Frankreich restituiert worden waren, sollten im Wege des Außenamtes zurückgefordert werden – das ist wohlweislich nicht geschehen.

2.) Die nicht restituierten Bilder französischer Herkunft sollten solange versteckt bleiben, bis die Befreier abziehen – das ist geschehen, doch nur 19 Kunstwerke sind um die Jahrtausendwende gefunden worden, und das ist unglaubwürdig – das Inventar der Residenzgalerie muss offengelegt werden.

3.) Die 37 Bilder der Liste III – und da geht es um die vermisste Liste in meinem Kapitel „Vertrauliches Komplott und öffentliche Niedertracht" –, sind aus dem Kriegsbesitz österreichischer und deutscher Herkunft: beispielsweise Spitzwegs *Hohensalzburg* aus den Händen des Kunsträubers Mühlmann und ebenso Slevogts *Herrenbildnis* aus der geraubten Villa Wassermann (Hinrichsen und Welz).

So schließe ich meine Arbeit ab – in der sicheren Überzeugung, dass die Verantwortlichen des Landes Salzburg nach wie vor nicht verstanden haben, worum es im Fall Friedrich Welz, dem von ihnen und ihren Vorgängern Viel-Geehrten, aber auch grundsätzlich in der Frage von „Arisierung" und Restitution geht: schonungslose Offenheit, öffentlicher Zugang zu

Archivalien, vor allem aber um die Bereitschaft, sich bei den Opfern des Nationalsozialismus mit tätiger Reue zu entschuldigen und die gesamte Kriegsbeute schonungslose Offenheit, öffentlicher Zugang zu allen Archivalien, vor allem aber um die Bereitschaft, sich bei den Opfern des Nationalsozialismus mit tätiger Reue zu entschuldigen und die gesamte Kriegsbeute – ohne das ewige Wenn und Aber – in einen Opferfonds einzubringen; andernfalls wird niemals ein „Schlusspunkt unter die Geschichte der ehemaligen Landesgalerie" gesetzt.

Danksagung

Ich danke Doris für ihre Liebe; und ich danke vielen für ihre Hilfe: Barbara Becker-Jákli, Theodor Brückler, Hubertus Czernin, Gudrun Danzer, Hilde Fraueneder, Helmut Gaigg, Maren Gröning Anton Gugg, Anja Heuß, Robert Holzbauer, Helmut Hüttinger, Rudolf Jerabek, Karin Jušek, Jane Kallir, Maria Keipert, Hana Keller, Willi Korte, Renate Lachinger, Claude Lesné, Andrea Martens, Erich Marx, Monika Mayer, Ekki Müller, Herbert Nikitsch, Kerstin Oldenhage, Gerhard Plasser, Othmar Raus, Karlheinz Ritschel, Walter Schuster, Cyriak Schwaighofer, Hubert Steiner, Werner Thuswaldner, Gerhard Ungar, Tina Walzer, Thomas Weidenholzer und Alois Wittinghofer.

Ich danke auch Gerald Lehner, der im ORF (Journal Pano-rama) eine Sendung über meine Recherchen bezüglich der Kriegsbeute im Salzburger „Haus der Natur" gestaltet hat, sowie Univ.-Prof. Karl Forstner, der mir daraufhin berührende, mutmachende Worte geschenkt hat: „Mir liegt sehr viel daran, da-rauf hinzuweisen, dass es auch in Salzburg Persönlichkeiten gab, die von allem Anfang bemüht waren, Beutegut den rechtmäßigen Eigentümern zurückzugeben. Das gilt, wie ich erst später erfahren habe, von Dr. Josef Hofinger, der von 1946-1950 und von Dr. Franz Konrad Weber, der von 1951-1961 Direktor der Bundesstaatlichen Studien-bibliothek war. Beide betrachteten die im Jahre 1942 von Smolensk nach Salzburg verschleppten Bücher als Verwahrungsgut, das bei erster Gelegenheit zurückzugeben ist. In den ersten Jahren meiner Direktion - die Bibliothek wurde Universitätsbibliothek - setzte ich in kurzer Zeit die Rückgabe durch. An sie wurde ich erst wieder erinnert, als ich Ihren überzeugenden Bericht im Rundfunk hörte. Für Ihre Recherchen viel Glück wünschend grüße ich freundlich Ihr Karl Forstner."

Anmerkungen

1. Salzburger Chronik und Salzburger Volksblatt 8. 3. 1938.
2. Salzburger Volksblatt 12. 3. 1938.
3. Alexander M. Frey: Hölle und Himmel, Zürich 1945.
4. Salzburger Volksblatt 28. 7. 1934.
5. Salzburger Volksblatt 28. 7. 1934.
6. Karikatur auf die Salzburger Festspiele, in: Der Morgen 2. 8. 1937.
7. Salzburger Chronik 28. 8. 1936.
8. Ferdinand Georg Waldmüller, Galerie Welz Salzburg, Sommer 1937.
9. Gert Kerschbaumer: Kunst im Getriebe der Politik 1933-1938-1945, in: 150 Jahre Salzburger Kunstverein, Salzburg 1994, S. 145-169.
10. Salzburger Volksblatt 6. 8. 1938.
11. Bruno Grimschitz: Anton Faistauer, in: Der Getreue Eckart, Wien, Oktober 1937-März 1938.
12. Deutsche Malerei in Österreich von Waldmüller bis Faistauer, Galerie Welz, Salzburg 1938.
13. Zürcher Zeitung 8. 8. 1938.
14. Salzburger Volksblatt 30. 11. 1938.
15. Salzburg und das Salzkammergut im 19. Jahrhundert, Galerie Welz, Salzburg 1939.
16. Michael Neder, Galerie Welz Salzburg und Wien, Sommer 1940.
17. Gedächtnis-Ausstellung Hans Makart 1840-1884 in der Residenz, Verlag „Kunst dem Volk", Hg. Heinrich Hoffmann, Wien 1940.
18. Salzburger Landeszeitung 11. 5. 1940.
19. Karl Heinrich Waggerl: Pfingstidyll an der Reichsautobahn, mit handkolorierten Zeichnungen und Bildern von Ernst Huber, Hg. Reichsminister Todt, Potsdam 1941.
20. Salzburger Landeszeitung 20. 3. 1941.
21. Kärntner Kunstschau, Salzburger Residenz, Salzburg 1941.
22. Französische Kunst des 19. Jhs., Galerie Welz, Salzburg 1941.
23. Salzburger Landeszeitung 1. 8. 1941.

[24] Salzburger Volksblatt 13. 3. 1942.
[25] Salzburger Zeitung 25. 11. 1942.
[26] Salzburger Zeitung 15. 7. und 5. 9. 1943.
[27] Kurt Eder-Gedenkausstellung der Reichsstudentenführung, Salzburger Landesgalerie, Salzburg 1944.
[28] Salzburger Zeitung 22. 4. 1944.
[29] Salzburger Zeitung 9. 6. und 12. 8. 1944.
[30] Salzburger Zeitung 9. 6. 1944.
[31] SLA: Reichsstatthalter I/3 162.
[32] BA Koblenz: B 323/143.
[33] SLA: Reichsstatthalter 99/1943.
[34] PA: Süddeutsche Treuhand-Gesellschaft, München: Bericht Erich Bühler über die Prüfung der Firma Friedrich Welz in Salzburg, München 8. 10. 1943.
[35] PA: Süddeutsche Treuhand-Gesellschaft München 8. 10. 1943, S. 40.
[36] PA: Süddeutsche Treuhand-Gesellschaft München 8. 10. 1943, S. 5.
[37] PA: Süddeutsche Treuhand-Gesellschaft München 8. 10. 1943, S. 23.
[38] BA Koblenz: B 323/481, Inventar der Landesgalerie, Abschrift ins Englische übersetzt, Headquarters US-Forces in Austria. BDA: Welz, Inventar der Landesgalerie in Deutsch.
[39] Fritz Novotny und Johannes Dobai: Gustav Klimt, Salzburg 1967.
[40] Anja Heuß: Die Reichskulturkammer und die Steuerung des Kunsthandels im Dritten Reich, sediment, Mitteilungen zur Geschichte des Kunsthandels, Heft 3, Bonn 1998.
[41] BA Koblenz: B 323/228, 230, 233 sowie B 323/53, 54.
[42] Hubertus Czernin: Die Fälschung, Der Fall Bloch-Bauer, Wien 1999.
[43] SLA: Gaukämmerei 334/1944.
[44] PA: Polizeidirektion Wien: Meldung über Bruno Grimschitz 6. 2. 1948. AdR: Gauakte 179107.
[45] PA: Tauschvorschlag 30. 3. 1944, signiert Bruno Grimschitz.
[46] PA: Fritz Hoefner, Verwalter der Fa. Welz: Anzeige 26. 6. 1947.
[47] Geleitwort Josef Mühlmann, in: Der Wassermann, Salzburg 1919.
[48] Salzburgs bildende Kunst, Meisterwerke der Vorgeschichte bis zum 19. Jahrhundert, Salzburg 1938.

49 Städtisches Museum: Ausstellung Mai-Juni 1942, Museumsblätter Jänner-Juni 1942.
50 Salzburger Zeitung 9. 5. 1942.
51 AdR Wien: Gauakte 15 550.
52 AdR Wien: Gauakte 15 550.
53 BA Berlin: SSO-Akte Dr. Kajetan Mühlmann.
54 BA Berlin: SSO-Akte Dr. Josef Mühlmann. AdR Wien: Gauakte 108964.
55 BA Koblenz: B 323/147, 199, 200.
56 Hector Feliciano: Das verlorene Museum. Vom Kunstraub der Nazis, Berlin 1998. Anja Heuß: Kunst- und Kulturgutraub. Eine vergleichende Studie zur Besatzungspolitik der Nationalsozialisten in Frankreich und der Sowjetunion, Heidelberg 2000.
57 PA: Gauleiter und Reichsstatthalter Friedrich Rainer: Auftrag 12. 11. 1940.
58 BA Koblenz: B 323/147, Exposé über die Lage des Kunstmarktes in Frankreich.
59 BA Koblenz: B 323/147.
60 SLA: Gaukämmerei 340/1944.
61 PA: Süddeutsche Treuhand-Gesellschaft München 8. 10. 1943, S. 17f.
62 PA: Süddeutsche Treuhand-Gesellschaft München 8. 10. 1943, S. 22f.
63 PA: Süddeutsche Treuhand-Gesellschaft München 8. 10. 1943, S. 63.
64 US-NA: Art Looting Investigation Unit, Report 15. 12. 1945.
65 US-NA: Monthly Report 24. 9. 1946.
66 BA Koblenz: B 323/200, Mühlmann: Organisation du Service.
67 BA Koblenz: B 323/200, Erklärung Kajetan Mühlmann 2. 9. 1947.
68 BA Koblenz: B 323/200, Brief Kajetan Mühlmann 25. 8. 1947.
69 BA Koblenz: B 323/199, 200, Geschäftsbuch der Dienststelle Dr. Mühlmann; drei undatierte Listen; Report of the Dutch Captain Jean Vlug on Art Objects Removed to Germany from Holland, Belgium and France during the German Occupation, 25 December 1945.
70 US-NA: Monthly Report 29. 7. 1947.
71 Representatives (Fine Arts Officers), die im Salzkammergut, in Stadt und Land Salzburg arbeiteten: Morrie S. Grinbarg, Robert M. Miller,

Malcolm Shaw Jr. sowie Evelyn Tucker; Reports (1945-1949) für die Dienststellen in Wien und Salzburg.

[72] US-NA: Report of Action taken in Restoring Art Works to Proper Sites within Land Salzburg, 7. 11. 1945; Inventare mit Begleitschreiben vom 16. 9. 1945.

[73] US-NA: Monthly Report 27. 3. 1947.

[74] Christian Nebehay: Das Glück auf dieser Welt, Erinnerungen, Wien 1995.

[75] Eve Tucker an Miss Hall 6. 1. 1949 (Salzburger Stadtarchiv).

[76] US-NA: Report 20./21. 11. 1947.

[77] US-NA: Report 8. 12. 1947.

[78] BDA Wien: Welz Schedule B.

[79] BA Koblenz: B 323/346.

[80] US-NA: Anmeldungserklärung 24. 6. 1946 in Englisch und Deutsch.

[81] US-NA: Report 28. 4. 1947. Auskunft über Dr. Heinrich Steinsky Stadtarchiv Linz 17. 3. 2000.

[82] US-NA: Reports von Evelyn Tucker: 27. 10. 1947, 6. - 11. 11. 1947, 20./21, 11. 1947, 27. 6. - 2. 7. 1948.

[83] Der Raub des Goldzuges, Serie in den Salzburger Nachrichten 11. 3. 2000 ff.

[84] US-NA und BDA Akte Welz: Paintings purchased in France by Frederich Wels and not recovered to date 15. 6. 1948.

[85] US-NA: Report 20./21. 11. 1947.

[86] US-NA: PC Serial No. S 6 6001, Inventare auf Englisch, auf Deutsch unvollständig. BDA: Akte Welz Zl. 433/48 bzw. Zl. 7537/47.

[87] US-NA: Report 27. 6. - 2. 7. 1948.

[88] US-NA: PC and R File 413, 1 Inventar auf Englisch und Deutsch. BDA: Akte Welz Zl. 8949/48.

[89] BDA Wien: Akte Welz.

[90] PA: Süddeutsche Treuhand-Gesellschaft München 8. 10. 1943, S. 27.

[91] Auskunft Kölner NS-Dokumentationszentrum 18. 1. 2000; Wallraf-Richartz-Museum 21. 2. 2000.

[92] BDA Wien: Akte Welz.

[93] PA: Bericht über Vorgänge in der Villa Steinreich 22. 9. 1945.

94 PA: Brief Friedrich Welz an Leopold Steinreich 19. 5. 1947.
95 PA: Brief Leopold Steinreich an Friedrich Welz 3. 7. 1947.
96 PA: Anspruch auf Restitution 26. 8. 1947 und Teilerkenntnis der Rückstellungskommission beim Landesgericht Salzburg RK 70/47 21. 1. 1948.
97 PA: Entjudung der Liegenschaft Steinreich, Behandlung feindlichen Vermögens, Schätzgutachten, Kaufvertrag zwischen dem kommissarischen Verwalter Josef Schwarzenbrunner und den Käufern Raimund Hummer und Friedrich Welz 12. 11., 7. 12., 11. 12. und 23. 12. 1940, 3. 1., 3. 3. und 20. 3. 1941; Grundbuchsauszug Bezirksgericht St. Gilgen für Haus Nr. 213 EZ 337.
98 Ebenda.
99 PA: Verfahren gegen Friedrich Welz nach § 6 KVG, Staatsanwaltschaft Linz, Einstellung 25. 1. 1950.
100 PA: Vernehmungen des Beschuldigten Friedrich Welz: Bundespolizei Salzburg 31. 7. 1947, Bezirksgericht Salzburg 25. 5. 1949.
101 PA: Brief Friedrich Welz an Lea Jaray 5. 6. 1947.
102 PA: Bundespolizeidirektion Salzburg und Bundesministerium für Vermögenssicherung und Wirtschaftsplanung betreffend Vermögensentziehung (Arisierungsakt Würthle Zl. 2411/Ha.).
103 WSLA: Anmeldung entzogener Vermögen 6. 11. 1946.
104 PA: Gedenkprotokoll Friedrich Welz, aufgenommen am 3. 4. 1938 (Abschrift nicht signiert, Anhang nicht vorhanden).
105 PA: Galerie Würthle an Welz 31. 3. 1938 (Bilanz zum 31. 12. 1937).
106 PA: Brief Welz an Lea Jaray 5. 6. 1947.
107 PA: Brief Lea Jaray an Welz 5. 7. 1947.
108 PA: Rechtsanwaltskanzlei Emerich Hunna, Vertreter von Lea Jaray, an Polizeidirektion Wien 4. 12. 1947.
109 WSLA: Teilerkenntnis der Rückstellungskommission beim Landesgericht für Zivilrechtssachen in Wien 17. 3. 1948.
110 WSLA: Enderkenntnis der zitierten Kommission 17. 8. 1949.
111 WSLA: Teilerkenntnis der zitierten Kommission 17. 3. 1948.
112 PA: Rechtsanwalt Oskar Müller an Bundesministerium für Vermögenssicherung und Wirtschaftsplanung 17. 6. 1947. Verzeichnis der

wichtigsten fehlenden Gemälde aus der Sammlung Heinrich Riegers, Positionen 1 bis 313 (ohne Datum).
[113] PA: Brief Friedrich Welz an Robert Rieger 5. 6. 1947.
[114] BA Koblenz: B 323/346.
[115] Auskunft Österreichische Galerie 15. 12. 1999.
[116] Auskunft Österreichische Galerie 15. 11. 1999.
[117] Jane Kallir: Egon Schiele, The Complete Works, New York 1990.
[118] Auskunft Landesmuseum Joanneum (Neue Galerie) 5. 11. 1999.
[119] BDA: Akte Welz Zl. 203141/50, Freigabe aus dem Depot Salzburg-Residenz 12. 5. 1950, Empfangsbestätigungen 7. 7. und 19. 9. 1950.
[120] PA: Teilerkenntnis der Restitutionskommission beim Landesgericht Salzburg vom 31. 5. 1948 (RK 108/48).
[121] PA: Information, Christian Broda und Friedrich Welz 23. 5. 1947.
[122] PA: Äußerung des Antraggegners Friedrich Welz am 27. 5. 1948 im Rückstellungsverfahren (RK 108/48).
[123] PA: Versicherungsliste Heinrich Riegers (Herbstausstellung 1935 im Künstlerhaus Wien).
[124] PA: Mündliche Verhandlung 28. 7. 1948 (RK 108/48).
[125] PA: Vernehmung des Beschuldigten Friedrich Welz im Bezirksgericht Salzburg 25. 5. 1949.
[126] PA: Vernehmung des Zeugen Oskar Müller im Landesgericht für Strafsachen Wien 23. 9. 1949.
[127] PA: Anzeige Fritz Hoefner, öffentlicher Verwalter der Galerie Welz in Salzburg, 26. 6. 1947.
[128] PA: Korrespondenz Oskar Müller und Fritz Hoefner 23. 4. und 7. 5. 1947.
[129] PA: Abschrift aus dem Kommissionsbuch der Galerie Welz-Wien, ehem. Würthle & Sohn Nachf., Wien I, Weihburggasse 9 (ohne Datum).
[130] PA: Äußerung Friedrich Welz am 27. 5. 1948 im Rückstellungsverfahren.
[131] PA: Vernehmung Friedrich Welz in der Bundespolizeidirektion Salzburg 25. 8. 1947.
[132] PA: Vernehmung der Zeugin Luise Kremlacek im Landesgericht für Strafsachen Wien 29. 7. 1949.

[133] US-NA: Report 8. 12. 1947.
[134] US-NA: Headquarters Zone Command Austria 29. 1. 1948.
[135] US-NA: Headquarters Zone Command Austria 18. 5. 1949.
[136] US-NA: Begleitschreiben 8. 6. 1948, List of pictures acquired by Mr. Friedrich Welz from Mr. Dr. Heinrich Rieger.
[137] US-NA: List of pictures acquired by Mr. Friedrich Welz from Mr. Dr. Heinrich Rieger 8. 6. 1948.
[138] US-NA: Report 27. 6. - 2. 7. 1948.
[139] BDA: Akte Welz Zl. 3718/1949.
[140] Der Wechsel der Besitzer ist in Jane Kallirs Schiele-Werkkatalog (P 234) lückenhaft dokumentiert: Portrait of Valery Neuzil (= Wally von Krumau), wood, sign. dat. 1912, 32 x 40; Provenienz: Emil Toepfer, Richard Lanyi, Lea Bondi-Jaray (dreifache Lücke: Welz, Landesgalerie, Österreichische Galerie), Rudolf Leopold (Exhibition Salzburg 1957).
[141] PA: Fritz Hoefner, Verwalter der Fa. Welz, Anzeige bei der Staatsanwaltschaft des Volksgerichtshofes Linz 26. 6. 1947.
[142] PA: Einvernahme Friedrich Welz, Niederschrift der Bundespolizeidirektion Salzburg 31. 7. 1947.
[143] PA: Staatspolizeiliche Erhebungen über Friedrich Welz in Richtung § 6 KVG. und § 197 StG. an die Staatsanwaltschaft Linz 28. 8. 1947.
[144] PA: Einvernahme Welz 31. 7. 1947.
[145] PA: Staatspolizeiliche Erhebungen 28. 8. 1947.
[146] AdR: Gauakte Friedrich Welz.
[147] PA: Vernehmung des Beschuldigten Friedrich Welz im Bezirksgericht Salzburg 25. 5. 1949.
[148] PA: Vernehmung des Beschuldigten Friedrich Welz im Bezirksgericht Salzburg 25. 5. 1949.
[149] PA: Vernehmungen der Zeugen: Luise Kremlacek, Karl Gerstmayer, Oskar Müller und Bruno Grimschitz im Landesgericht für Strafsachen Wien 29. 7. 1949, 25. 8. 1949 und 23. 9. 1949, Johanna Viertelbauer, Erika Welz und Raimund Hummer im Bezirksgericht Salzburg 21. 10. 1949 sowie Karl Schwarzenbrunner im Bezirksgericht St. Gilgen 11. 11. 1949.

¹⁵⁰ PA: Strafsache gegen Welz der Staatsanwaltschaft im Landesgericht Linz, Volksgericht (Vg 11 Vr 6626/47). Erkenntnisse der Rückstellungskommissionen beim Landesgericht Salzburg (RK 70/47 vom 21. 1. 1948, RK 108/48 vom 31. 5. 1948), Landesgericht für Zivilrechtssachen Wien (53 RK 199/47 vom 17. 3. 1948).
¹⁵¹ PA: Korrespondenz Friedrich Welz und Lea Jaray 5. 6. und 5. 7. 1947.
¹⁵² SSA: Salzburger Stadtsenat 2. 12. 1946.
¹⁵³ PA: Protokoll der Bundespolizeidirektion Salzburg 25. 7. 1947.
¹⁵⁴ PA: Protokoll der Bundespolizeidirektion Salzburg 31. 7. 1947.
¹⁵⁵ Hubertus Czernin: Die Fälschung, S. 309, 312.
¹⁵⁶ US-NA: Malcolm Shaw Jr., Report 12 - 16 December 1949.
¹⁵⁷ BDA: Welz Zl. 3086/1950.
¹⁵⁸ BDA: Welz Zl. 5070/1948.
¹⁵⁹ BDA: Baldur von Schirach Zl. 2611/1952.
¹⁶⁰ BDA: Baldur von Schirach Zl. 2341/1951.
¹⁶¹ BDA: Welz Zl. 3718/1949.
¹⁶² BDA: Welz Zl. 2669/1952.
¹⁶³ BDA: Welz Zl. 5273/1952.
¹⁶⁴ BDA: Welz Zl. 2669/1952.
¹⁶⁵ BDA: Welz Zl. 4857/1953.
¹⁶⁶ SSA: Protokoll des Stadtsenates 27. 6. 1952.
¹⁶⁷ SSA: Protokoll des Stadtsenates 27. 6. 1952.
¹⁶⁸ Salzburger Nachrichten 4. 8. 1952.
¹⁶⁹ Gert Kerschbaumer: Der kalte Krieg gegen die Moderne, in: Kerschbaumer, Müller: Begnadet für das Schöne, 117ff.
¹⁷⁰ Salzburger Nachrichten 12. 9. 1950.
¹⁷¹ Künstler-Monografien im Verlag der Galerie Welz seit 1948, in: Friedrich Maximilian Welz zum 75. Geburtstag am 2. November 1978, Salzburg 1978.
¹⁷² PA: Brief Welz an Landeshauptmann Josef Klaus 27. 9. 1955; Anhang Liste der beanspruchten 38 Gemälde.
¹⁷³ PA: Brief Welz an Robert Rieger 5. 6. 1947.
¹⁷⁴ PA: Brief Welz an Landeshauptmann Josef Klaus 22. 12. 1955.

[175] PA: Amt der Salzburger Landesregierung an Rechtsanwalt Albert Reitter 3. 2. 1956.
[176] PA:Präsidium des Landeshauptmannes, Regierungsbeschluss vom 20. 7. 1956; vier Rechtsgutachten: Prof. Gschnitzer, Rechtsanwälte Stemberger, Holzer und Reitter; Amt der Salzburger Landesregierung an Albert Reitter 30. 7. 1956.
[177] Bruno Grimschitz: Große Gegenwart in der Kunstwelt, in: Salzburger Nachrichten 1. 3. 1956.
[178] BA Berlin: Kurt Willvonseder.
[179] BA Berlin: Hermann Stuppäck. Zur Besetzung der Kulturpositionen siehe: Kerschbaumer und Müller: Begnadet für das Schöne, S. 205ff.
[180] Schenkungen von Friedrich Welz für die Salzburger Landessammlungen Rupertinum, Salzburg 1983.
[181] Friedrich Maximilian Welz zum 75. Geburtstag am 2. 11. 1978, herausgegeben von den Mitarbeitern, Salzburg 1978.
[182] Gerhard Plasser: residenzfähig, Sammlungsgeschichte der Residenzgalerie Salzburg 1923-1938, Salzburg 1998.
[183] Katalog der Residenzgalerie Salzburg mit Sammlung Czernin, Salzburg 1955. Ergänzungskatalog, Salzburg 1958. Residenzgalerie Salzburg mit Sammlung Czernin und Sammlung Schönborn-Buchheim, Salzburg 1962, 1975, 1980, 1987.
[184] Salzburger Landessammlungen, Roswitha Juffinger, 1. 8. 1986.
[185] Salzburger Landessammlungen, Roswitha Juffinger, 30. 12. 1986.
[186] Franz Fuhrmann: Geschichte der Residenzgalerie, in: Katalog der Residenzgalerie 1955 (und erweiterte Auflagen).
[187] Hubertus Czernin: Geheimprotokoll über Verschwörung gegen Kunstrückgabe aufgetaucht. Der Salzburger Kunstskandal, in: DER STANDARD, 21. 9. 1999.
[188] Salzburger Landes-Kulturbeirat, Vorsitzender Hans Peter Kaserer, Beilage: Der Fachbeirat bildende Kunst unterbreitet der Salzburger Kulturpolitik folgende Vorschläge und Forderungen die sogenannte „Beutekunst" betreffend, 9. 7. 1999. Stellungnahme Gert Kerschbaumer am 30. 7. 1999 (am 5. 10. 1999 per FAX an den Vorsitzenden persönlich, abermals keine Antwort).

[189] ORF-Salzburg Heute 16. 11. 1999. Werner Thuswaldner: Herkunft der Kunstschätze. Rückhaltlos offen legen, in: SALZBURGER NACHRICHTEN 17. 11. 1999. Die Grünen unterstützen Beutekunst-Recherchen (neu), in: DER STANDARD, 17. 11. 1999. Roman Hinterseer: Salzburg ziert sich, wenn es um Nazi-Beutekunst geht, in: DER KURIER 17. 11. 1999. Anton Gugg: Im Pelz der Selbstgerechten, in: kunstfehler, Dezember 1999.

[190] Antrag der Abgeordneten Reiter und Schwaighofer im Salzburger Landtag betreffend die Untersuchung und Überprüfung von NS-Beutegut, Expertenladung zu Ausschussberatungen am 17. 11. 1999. Raubkunst bleibt aktuell, in SALZBURGER NACHRICHTEN 19. 11. 1999.

[191] Anfrage Gert Kerschbaumer am 10. 11. 1999 an Landeshauptmann Franz Schausberger. Antwort Landesamtsdirektor H. C. Marckhgott am 29. 11. 1999.

[192] Anfrage Gert Kerschbaumer am 20. 1. 2000 an Landesrat Othmar Raus. Antwort am 28. 1. 2000.

[193] Korrespondenz mit Mme. Claude Lesné, Département des Paintures, Museé du Louvre in Paris.

[194] Salzburg als Motiv. Die Graphiksammlung der Residenzgalerie Salzburg, Salzburg 1988.

[195] Fritz Koller: Das Inventarbuch der Landesgalerie Salzburg 1942 - 1944, Amt der Salzburger Landesregierung, Salzburg 2000, S. 41.

[196] Ebenda, S. 82-99.

Quellen
(mit Chiffren)

U. S. National Archives (US-NA): Records of United States Occupation Headquarters, World War II. United States Forces in Austria, Allied Command Austria / Allied Commission Austria Section (USACA), Reparations, Restitutions and Deliveries Division, Property Control Branch (NND 785009, 785010). Strategic Services War Department, Art Looting Investigation Unit, Consolidated Interrogation Report No. 4, 15 December 1945 (NND 775057).

Bundesarchiv (BA) Koblenz: B 323 Treuhandverwaltung für Kulturgut.

Bundesarchiv (BA) Berlin (früher Berlin Document Center): personenbezogene Akten.

Archiv der Republik (AdR) Wien: Gauakten.

Bundesdenkmalamt (BDA) Wien: Akte Friedrich Welz (Landesgalerie) und andere.

Wiener Stadt- und Landesarchiv (WSLA): VEAV-Akten.

Salzburger Landesarchiv (SLA): Reichsstatthalter, Gaukämmerer (beschränkt zugänglich).

Salzburger Stadtarchiv (SSA): Protokolle des Stadtsenates.

Privatarchive in Österreich und in den USA (PA): die übrigen Dokumente.

Salzburger Chronik, Salzburger Volksblatt, Salzburger Landeszeitung, Salzburger Zeitung, Salzburger Nachrichten u. a.

Kataloge (Ausstellungen):

Ferdinand Georg Waldmüller, Galerie Welz Salzburg, Sommer 1937.

Deutsche Malerei in Österreich von Waldmüller bis Faistauer, Galerie Welz - Salzburg 1938.

Salzburgs bildende Kunst, Meisterwerke der Vorgeschichte bis zum 19. Jahrhundert, Salzburg 1938.

Salzburg und das Salzkammergut im 19. Jahrhundert, Galerie Welz, Salzburg 1939.

Michael Neder, Galerie Welz Salzburg und Wien, Sommer 1940.

Gedächtnis-Ausstellung Hans Makart 1840-1884 in der Residenz, Verlag „Kunst dem Volk", Herausgeber Heinrich Hoffmann, Wien 1940.

Karl Heinrich Waggerl: Pfingstidyll an der Reichsautobahn, mit handkolorierten Zeichnungen und Bildern von Ernst Huber, Herausgeber Reichsminister Dr. Todt, Potsdam 1941.

Kärntner Kunstschau, Salzburger Residenz, Salzburg 1941.

Französische Kunst des 19. Jahrhunderts, Galerie Welz, Salzburg 1941.

Städtisches Museum Salzburg: Ausstellung Mai - Juni 1942, Salzburger Museumsblätter Jänner - Juni 1942.

Kurt Eder-Gedenkausstellung der Reichsstudentenführung, Salzburger Landesgalerie, Salzburg 1944.

Bruno Grimschitz: Anton Faistauer, in: Der Getreue Eckart, Wien, Oktober 1937-März 1938.

Schenkungen von Friedrich Welz für die Salzburger Landessammlungen Rupertinum, Salzburg 1983.

Katalog der Residenzgalerie Salzburg mit Sammlung Czernin, Salzburg 1955. Ergänzungskatalog, Salzburg 1958. Residenzgalerie Salzburg mit Sammlung Czernin und Sammlung Schönborn-Buchheim, Salzburg 1962, 1975, 1980, 1987.

Salzburg als Motiv. Die Graphiksammlung der Residenzgalerie Salzburg, Salzburg 1988.

Gerhard Plasser: residenzfähig, Sammlungsgeschichte der Residenzgalerie Salzburg 1923-1938, Salzburg 1998.

Friedrich Maximilian Welz zum 75. Geburtstag am 2. November 1978, herausgegeben von den Mitarbeitern, Verlag Galerie Welz, Salzburg 1978; im Anhang eine Bibliografie der Künstler-Monografien im Verlag der Galerie Welz, hier eine Auswahl:
Bruno Grimschitz: Ferdinand Georg Waldmüller, Salzburg 1957.
Alice Strobl: Gustav Klimt, Salzburg 1962.
Fritz Novotny, Johannes Dobai: Gustav Klimt, Salzburg 1967.

Galerie Würthle, gegründet 1865, Wien 1995.

Jane Kallir: Egon Schiele, The Complete Works, Including a Biography and a Catalogue Raisonné, New York 1990.
Franz Fuhrmann: Anton Faistauer, 1887-1930 (Werkverzeichnis), Salzburg 1972.
Albin Rohrmoser: Anton Faistauer 1887-1930 (Werkverzeichnis), Salzburg 1987.
Hans-Jürgen Imiela: Max Slevogt, Karlsruhe 1968.
Kunstraub, Kunstbergung und Restitution in Österreich 1938 bis heute Hg. Theodor Brückler, Wien-Köln-Weimar 1999.
Forschungsbericht des Arbeitskreises Erwerbungen und Rückstellungen aus jüdischem Besitz 1938 bis 1955, Alte Galerie, Neue Galerie, Kulturhistorische Sammlung (Steiermärkisches Landesmuseum Joanneum), Graz, Dezember 1999.

Liste der Erwerbungen der Graphischen Sammlung Albertina von Friedrich Welz, zusammengestellt von Maren Gröning, Wien 18. 4. 2000.

Fritz Koller: Das Inventarbuch der Landesgalerie Salzburg 1942 - 1944, Amt der Salzburger Landesregierung, Salzburg 2000.

Literatur
(Auswahl)

Hannah Arendt: Eichmann in Jerusalem, Frankfurt am Main 1986.
Peter Böhmer: Wer konnte, griff zu. „Arisierte" Güter und NS-Vermögen im Krauland-Ministerium (1945-1949), Wien 1999.
Hubertus Czernin: Die Fälschung. Der Fall Bloch-Bauer, Wien 1999.
Hector Feliciano: Das verlorene Museum. Vom Kunstraub der Nazis, Berlin 1998.
Alexander M. Frey: Hölle und Himmel, Zürich 1945.
Anja Heuß: Die Reichskulturkammer und die Steuerung des Kunsthandels im Dritten Reich. sediment. Mitteilungen zur Geschichte des Kunsthandels, Heft 3, Bonn 1998.
Anja Heuß: Kunst- und Kulturgutraub. Eine vergleichende Studie zur Besatzungspolitik der Nationalsozialisten in Frankreich und der Sowjetunion, Heidelberg 2000.
Gerhard Hirschfeld, Patrick Marsh: Kollaboration in Frankreich, Frankfurt 1991.
Charles de Jaeger: Das Führermuseum. Sonderauftrag Linz, Esslingen-München 1988
Ernst Kubin: Sonderauftrag Linz. Die Kunstsammlung Adolf Hitler, Wien 1989.
Gert Kerschbaumer: Faszination Drittes Reich. Kunst und Alltag der Kulturmetropole Salzburg, Salzburg 1988.
Gert Kerschbaumer, Karl Müller: Begnadet für das Schöne. Der rot-weiß-rote Kulturkampf gegen die Moderne, Wien 1992.
Gert Kerschbaumer: Kunst im Getriebe der Politik 1933-1938-1945, in: 150 Jahre Salzburger Kunstverein, Salzburg 1994.
Thomas Mathieu: Kunstauffassungen und Kulturpolitik im Nationalsozialismus. Studien zu Adolf Hitler, Joseph Goebbels, Alfred Rosenberg, Baldur von Schirach, Heinrich Himmler, Albert Speer, Wilhelm Frick, Saarbrücken 1997.
Monika Mayer: Gesunde Gefühlsregungen. Wiener Ausstellungswesen

1933-1945, in: Kunst und Diktatur, Hg. Jan Tabor, Band 1,
   Wien 1994.
Christian Nebehay: Das Glück auf dieser Welt. Erinnerungen, Wien 1995.
Lynn H. Nicholas: Der Raub der Europa, München 1995.
Jonathan Petropoulos: Art as politics in the Third Reich,
   North Carolina 1996.
Walter Schuster: Die Sammlung Gurlitt der Neuen Galerie der Stadt Linz,
   Linz 1999.